________的藏书

N O.________

收藏时间________

收藏地点________

这本书送给________

送给眺眺和聪聪，以及所有渴望了解世界的孩子们。

——邹凡凡

我是作者邹凡凡。快跟我一起看看天才大师们的故事，了解一下这个世界的古往今来吧！

写给孩子的
名人传

凡尔纳与科幻小说

JULES GABRIEL VERNE

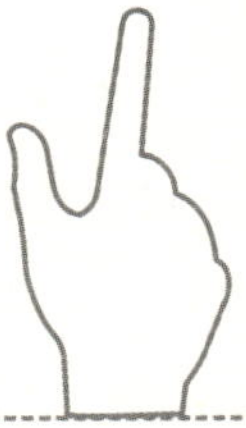

邹凡凡 著　王 可 绘

江苏凤凰少年儿童出版社

图书在版编目（CIP）数据

凡尔纳与科幻小说 / 邹凡凡著. -- 南京 : 江苏凤凰少年儿童出版社, 2023.3
（写给孩子的名人传）
ISBN 978-7-5584-3026-8

Ⅰ. ①凡… Ⅱ. ①邹… Ⅲ. ①凡尔纳(Verne, Jules 1828-1905)—传记—青少年读物 Ⅳ. ①K835.655.6-49

中国版本图书馆CIP数据核字(2022)第255986号

写给孩子的名人传

凡尔纳与科幻小说

FANERNA YU KEHUAN XIAOSHUO

丛书策划	王泳波 陈文瑛
著 者	邹凡凡
插 画	王 可
责任编辑	钟小羽 郑林峰
装帧设计	蔡 蕾 李 璐
责任校对	田 俊
责任印制	季 青
出版发行	江苏凤凰少年儿童出版社
地 址	南京市湖南路 1 号 A 楼，邮编：210009
印 刷	江苏凤凰扬州鑫华印刷有限公司
开 本	890 毫米 ×1240 毫米 1/32
印 张	5.625 插页 4
版 次	2023 年 3 月第 1 版
印 次	2023 年 3 月第 2 次印刷
书 号	ISBN 978-7-5584-3026-8
定 价	18.00 元

如发现质量问题，请联系我们。
【内容质量】电话：025-83658155 邮箱：zhongxy@ppm.cn
【印装质量】电话：025-83241151

前言

这本书，让我们来谈谈科幻小说和科幻小说大师。

你有没有想过，两百年来，科幻小说为什么如此打动人心，它独特的魅力究竟在哪里。

我想，这是因为——

它是融合科学、技术与文学的跨界创作。

它能够比其他文学种类更强烈地表达人性中的某些特征：好奇心、想象力、永恒的孤独感。

它不仅像镜子一样“反射”，还像神

仙一样“预言”。

它激发梦想与勇气。

以及，阅读它往往需要更多的知识储备和更高的智慧。

至于创作出这些不朽作品的大师，读过本书你就会发现，他们的人生与他们的作品一样精彩，一样跌宕起伏。不仅他们本人拥有非凡的人生，那些与他们相关的，启发了他们或者被他们启发的科学家、文学家、探险者、工程师、发明家的故事同样精彩纷呈。他们就是人类探索与前进的动力啊。

想知道那个河边的孩子什么时候才实现了扬帆的梦想吗？

想知道那个深刻影响了大首相的小学徒是谁吗？

想知道两个互相讽刺的淘气鬼签订了怎样的君子协定吗？

翻开这本书去寻找答案吧，翻开它，你就一头扎进了星辰大海……

目录

Chapter 1

心碎的科学怪人

科幻小说就像是一棵枝繁叶茂、馥郁芬芳、长满奇花异果、无数小鸟昆虫围绕着鸣唱的参天大树。这棵大树植根于古代，起初，它与奇幻、恐怖、神秘故事之间的界限并不是那么清晰，比如：

公元2世纪，亚述作家琉善创作了小说《一个真实的故事》。虽然叫这个名字，但琉善在小说一开头就告诉读者故事里的一切都不是真的。这部小说写到了太空旅行（主人公被旋风卷到了月亮上），外星生物（月亮人和太阳人），甚至星际战争和星际殖民（月亮人和太阳人为了争夺“晨星”——也就是金星——大打出手）。

作者还在故事中表达了这样的憧憬：越过大西洋，探索大洋另一边可能存在的陆地——这可比哥伦布早了一千三百年！

中国也有个著名的故事《烂柯》，说的是晋朝的王质去山里砍柴，见几个童子在下棋，便上前围观。童子把一个枣核模样的玩意儿递给王质，王质吞下去就不觉得饿了。过了一会儿，童子问他为啥还不走，王质这才起身，一看自己的斧头，那木头的斧柄已经完全腐烂了。等他回到村里，发现和他同时代的人都已经不在了。

哇，王质这是钻进虫洞，然后到达了一个时间流逝极其缓慢的世界了啊！这可比爱因斯坦提出相对论早了一千五百年！

好吧，说句公道话：这些故事幻想的成分多，科学的成分几乎没有。因为所谓的科学幻想，严格说来，必须等到科学体系比较成熟之后才有可能出现，一定是科学革命已经进行了相当一段时间，人们已经习惯了理性的思维，并且见识到了科学理论在现实生活中的实际应用（也就是工业革命的成果），它才会诞生呢。

因此，如今人们通常会把出版于1818年的《弗兰肯斯坦》当作第一本真正意义上的科幻小说。

《弗兰肯斯坦》讲述了这样一个故事：

沃尔顿船长在去北极探险的旅途中，解救了浮冰上一个饥寒交迫、虚弱不堪的人，此人名叫维克多·弗兰肯斯坦。

被救上船的维克多向沃尔顿讲述了自己的故事：他是瑞士日内瓦人，从小爱科学，尤其热衷于化学和生命起源的研究。他躲在一间小屋子里，想要创造一种新的生命。他从附近的藏尸房偷来各种人体器官，还自己制作了一些“人体零件”，组装成一具躯体，又经过数月夜以继日的努力，终于在一个风雨交加的夜晚，让创造物睁开了眼睛。

当创造物摇摇晃晃地向他走来，维克多崩溃了！他本想做一个高大英俊的帅哥（器官都拣好看

的偷），可眼前这厮：虽然高大，足有2米4（原本没想造这么大，可是手不够巧，小零件做得不够精细），却和英俊完全不沾边——眼窝深陷，满身疤痕，蜡黄的皮肤遮挡不住皮下的肌肉和血管！

希腊神话中的国王皮格马利翁爱上了自己的创造物，维克多却被自己的创造物吓得跳窗而逃！等第二天，他战战兢兢回到实验室，却发现怪物已经不见了。

回到父母家中的维克多得知噩耗：可爱的弟弟被人杀害了！他悲痛不已，冒着暴风雨在勃朗峰徘徊，一道闪电忽然照亮山峰，让他看到了怪物——他明白了：是怪物杀死了弟弟！

当他与怪物再一次相遇时，怪物向他坦陈了分手后的经历：被维克多遗弃后，怪物到处逃窜，所到之处，被吓坏的村民有的落荒而逃；有的用石头砸他，把他砸得遍体鳞伤。他只好躲在一家人屋外的棚子里，每天通过墙缝观察这家人的生活。他不仅学会了人类的语言，还懂得了人与人之间的爱与关怀。他偷偷做了许多好事，却始终没能得到人们的接纳，迎接他的永远是冷漠、鄙视和遗弃。孤独的怪物请求维克多为他制造一个异性同伴，他俩将相依为命，远离人类文明，去南美荒原安家。

维克多勉强答应了，但做着做着觉得不对劲儿：一个怪物就已经够糟了，还要再做一个！万一他俩生出许多小怪物怎么办？于是他决定不做了。

如此出尔反尔，导致失望的怪物再次暴怒！怪物与维克多进行了多个回合的生死较量，把维克多的好朋友和新婚妻子都杀死了。维克多发誓要复仇，这才追到北极来。

说完这个曲折的故事，本已奄奄一息的维克多就去世了。船长为了避免潜在的危险，掉转船头往南驶去。最终，怪物放火烧死了自己。

真是一个莎士比亚悲剧风格的离奇故事。

我们可以来分析一下：为什么《弗兰肯斯坦》会被认为是第一本科幻小说？

聪明的你一定已经发现了：首先，创造一个类人的生物是主人公维克多·弗兰肯斯坦有意识的行动，他的目标非常明确。不像《一个真实的故事》，主人公是很随机地被风吹到月亮上去的，《烂柯》里的王质也是误打误撞就撞见童子了。

其次，确定目标之后，维克多便着手在实验室里进行了一系列高端的科学实验（过程中还借助了雷电的力量，富兰克林的影响显而易见），终于创造出了生命。反观另外两个古代故事，主人公从没有进行过科学方面的探索与努力，他们的主要身份是旁观者。

作为小说，《弗兰肯斯坦》虽然很奇幻、很恐怖、很黑暗，但因为有“科学的目标”和“科学的过程”，被后世奉为科幻小说的开山之作也就不足为奇啦！

说起来，失去弟弟、朋友、妻子的维克多可怜，然而怪物就不可怜吗？诞生不是他的本意，他被不负责任地造出来，他有智慧，有情感，有一颗怦怦跳动的心。他渴望友谊与陪伴，可在人类眼里，他始终是个怪物。这番科学的幻想，犹如一面镜子，在现实中，难道我们没有见过这样遍体鳞伤、被歧视、被排挤的孤独身影吗？

在科学与技术的变化、冲击中书写人性，这就是科幻小说。

《弗兰肯斯坦》一出版就引发诸多评论，到后来更是影响了数不清的文学与戏剧作品。渐渐地，“弗兰肯斯坦的怪物”成为一个新的英语表达，不少人甚至直接用“弗兰肯斯坦”来指代不受控制的、非自然的庞然大物：“哇，这座黑压压的巨型建筑好丑陋，像夜空中的弗兰肯斯坦！”

严格说来这是个误用，因为弗兰肯斯坦明明是创造者的名字，怪物在书中是没有名字的。

大家可能会好奇，这第一本科幻小说，它的作者是谁?

唉，它的作者是一位命运多舛的女子，她的一生，竟也如她笔下的故事一般充满死亡的气息——出生十一天时母亲就去世，她自己有过许多个未能顺利来到人间或是来到之后很快夭折的孩子，爱人也因为风暴溺水而亡……

玛丽·雪莱

她就是珀西·雪莱的第二任妻子玛丽·雪莱。

故事的诞生非常传奇：1816年夏天，雪莱夫妇和拜伦、拜伦的私人医生波里道利，还有玛丽的继妹克莱尔（她当时是拜伦的女朋友）一起在瑞士的日内瓦度假。

天黑后，众人围坐在油灯旁，听拜伦讲故事。

讲的什么故事呢？

都是恐怖故事。

后来拜伦讲累了，就说："别光听我一个人吹了，大家比赛写恐怖故事吧，看谁写得最好！"

大家兴奋地拍手跺脚，都积极参加比赛。

那年才十九岁的玛丽一心想赢得比赛。她望向窗外，看到夜色中雪山的剪影，如同黑黢黢的怪物；她想到十七千米外的弗兰肯斯坦城堡，传说两百年前，那里有一位炼金术士会做恐怖的实验，有人看到他把死尸往城堡里拖……就这样，一个哥特风格的故事渐渐在她脑海中成形。

之前我们谈到，科学革命、启蒙思想、工业革命为科幻小说的诞生铺设了道路，其实还有一个因素，就是浪漫主义的盛行。在本系列的《贝多芬与古典音乐》中，我们介绍了浪漫主义的音乐、绘画与诗歌——雪莱就是特征鲜明的浪漫主义诗人！丰沛的情感、瑰丽的想象、大自然的声音在字词间流淌！这些对最初的科幻小说也是有很大影响的。

就这样，玛丽写下了《弗兰肯斯坦》，故事里的大部分情节就发生在日内瓦。最后，她赢得了比赛。

更传奇的是，这场“恐怖大赛”还开创了另一个文学题材的先河！

一起度假的不是还有拜伦的医生波里道利吗？连医生都踊跃参加比赛了呢。波里道利的参赛作品比《弗兰肯斯坦》晚一年出版，名字叫《吸血鬼》。

从此，一种脸色苍白、长生不老、怕见阳光、看到脖子就想咬的生物成为一代代文学作品里的主角。

顺便说一句，作为优秀的英国医生，大家猜猜看，波里道利是从英国哪所大学毕业的呀？

当然是爱丁堡大学（波里道利的毕业论文研究的是梦游）！爱丁堡大学有当时英国最好的医学院，波里道利的学弟中有同样喜爱恐怖故事的柯南·道尔爵士，也有不太喜爱恐怖故事，而且因为念不下去只好转学到剑桥的达尔文。

科幻小说就这样很偶然地与吸血鬼小说同时诞生了。

在《弗兰肯斯坦》出版仅仅十年后，把科幻小说推往高峰的凡尔纳诞生了。

河边的孩子

流经巴黎的塞纳河仅仅是法国的第二长河，卢瓦尔河才是第一长。在卢瓦尔河下游靠近入海口处，有一座城市叫南特。可想而知，数百年来，南特都是一个重要的港口，停满来来往往的船只，海鸥旋绕，明晃晃的桅杆像树林一样。

1828年2月8日，儒勒·凡尔纳出生在南特，卢瓦尔河中的一座人造小岛上。那时的法国，自1789年大革命以来，已经经历了数十年的混乱，并且还要再经历数十年的动荡，概括来说就是在革命、共和国、王朝复辟、帝国、再革命、再共和国中循环。

凡尔纳的爸爸皮埃尔是位德高望重的律师，妈妈索菲呢，正好就来自当地一个船主、领航员的家庭。他俩是典型的慈母严父：索菲温和开朗，笑口常开，充满想象力，后来凡尔纳经常在自己的诗作中怀念她；而皮埃尔笃信宗教，对孩子们的要求十分严格，不听话是会挨饿、挨打的，所以凡尔纳从小到大，性格一直比较羞涩内向。

等到了六岁，小凡尔纳就上学啦！

你看，在南特这个港口城市，随手一抓，就能抓到一个与船有关的人！比如小凡尔纳最喜欢的萨宾老师，她的丈夫就是一位威风凛凛的船长，可是……萨宾老师最后一次见到萨宾船长还是大革命之前的事呢。那一天，萨宾老师把丈夫送上船，挥着小手绢送别，可在这之后，丈夫和船就再也没有回来。整整三十年，萨宾老师从年轻苗条的新手老师等成了圆乎乎、两鬓微白的资深老师。

萨宾老师并没有伤心绝望。

“他们一定是在海上遇到了风暴，”她对孩子们说，“桅杆折断了，船身几乎碎成了一片一片。不过，”她安慰满脸惊恐的孩子们，“不过萨宾船长抱住一块浮木，漂啊漂，漂到一座无人的小岛。他在岛上用树枝盖棚子，设陷阱抓野羊，还下海捕鱼……”

她的眼睛依然明亮，充满希望："总有一天他会被路过的船只搭救，伴随着五彩祥云，穿越大海，沿着卢瓦尔河，回到南特来的！"

萨宾老师在孩子们心中播下一粒种子，从此这个鲁滨孙式的探险梦伴随了凡尔纳一生。

两年后，小凡尔纳告别萨宾老师，被老爸皮埃尔转到一所天主教学校。这里没有老师讲故事，只能好好学习了。小凡尔纳是个好学生，笑眯眯，话不多，希腊语、拉丁语和地理等科目的成绩比较突出，还特别擅长背诵大段课文和唱歌，他在合唱团唱赞美诗什么的总是站中间位置。光看履历，他完全是那种特别适合应试教育的模范生、天主教学校老师特别喜爱的乖宝宝啊！

估计老师们都没料到，最乖的学生一旦放飞自我，那是会让人大跌眼镜的……

假期里，小凡尔纳要么和家人一起去南特郊外河边的度假小屋，要么去邻近的小城布兰探望阿洛特舅舅。阿洛特舅舅曾经拥有一艘大船，他驾着这艘大船环游世界，最后平安回到家乡，当了十年布兰市长。

小凡尔纳喜欢听阿洛特舅舅讲环游世界的故事，不仅如此，他还特别喜欢和阿洛特下“鹅棋”——简单来说就是一只鹅的飞行棋，玩家掷色子，中途有各种陷阱，看谁的鹅先走到终点。

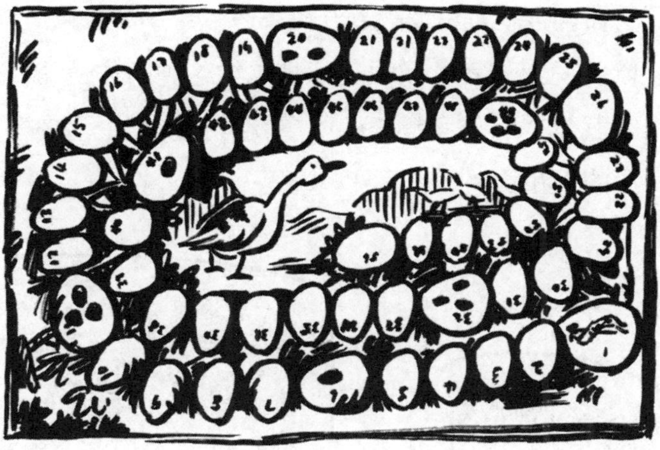

鹅棋

想想看，凡尔纳爸爸很严厉，阿洛特舅舅却那么和蔼可亲，他讲完亲身经历的冒险，还会陪着凡尔纳一盘又一盘地玩“尼尔斯骑鹅旅行记”一般的纸上冒险，难怪后来“鹅棋”和阿洛特舅舅的名字都出现在了凡尔纳的小说里呢，分别在《一个怪人的遗嘱》和《征服者罗伯》里。

事实上，《一个怪人的遗嘱》整本小说就是一盘“鹅棋”：居住在芝加哥的百万富翁怪人立下遗嘱，把六千万美元的财产留给“鹅棋”的赢家，只不过这盘棋的棋子是参赛者们，而棋盘是整个美国。

在《征服者罗伯》里，凡尔纳预言了一种垂直起降的飞行器，也就是后世的直升机……

哈，同为作者，我很理解凡尔纳这种写作逻辑。事实上，我觉得写作者最开心的事就是把现实生活中喜欢或讨厌的人和物悄悄地写到小说里……

……
……
这本别写了！重新写本新的吧！
住手，别撕我稿子！

这个在河边长大的孩子，许多年后，在简短小文《童年与青春的回忆》中，深情地表达了他对大河、对河上来来往往的大小船只以及那些与船有关的人们的爱。

这份爱浓烈到了什么程度呢？

浓烈到十一岁那年，小凡尔纳终于按捺不住，掏空积攒的所有零花钱，为自己在三桅大船“柯拉莉”上谋得了一个职位：他将作为船舱跑腿，跟随“柯拉莉”前往遥远的印度群岛，他将从那里带回一串最美丽的珊瑚项链，送给表妹卡罗琳……

看，我说什么来着？乖孩子放飞自我起来那可是了不得！

夜幕降临，“柯拉莉”起锚出发，沿着卢瓦尔河向大海驶去。它徐徐向前，不多久就停靠在第一站——小镇潘伯夫，它将在这里再装一批货物继续前行。可就在小凡尔纳满面红光、上蹿下跳地和水手们一同搬运货物的当儿，一辆马车疾驰而来，车上乘客等不及马车停稳，已经起身大声呵斥：“别让那个小子跑了！”

小凡尔纳抬头一看，吓得魂儿都飞到印度群岛了——乘客不是别人，正是爸爸皮埃尔，他不知从哪里得知了儿子逃跑出海的消息！

小凡尔纳被揪着耳朵拎回了家。挨打和饿肚子是免不了的，最后他终于泪汪汪地承认了错误，对爸爸做出庄严承诺：从今往后，“只在想象中旅行”。

预言成真！这个冒险未遂的男孩子后来成了最伟大的“想象行者”！

这以后，少年凡尔纳又转过几次学，循规蹈矩的天主教学校已经不像小时候那样令他满意，不过他依然以“良好”的等级通过会考，从高中毕业了。

十八岁的凡尔纳，内心深处已经很清楚自己想要做什么。这时，他的船是纸，他的帆是墨水笔，他的偶像是维克多·雨果——是的，当作家就是刚刚成年的凡尔纳的梦想！

小知识
维克多·雨果

1. 以下文学作品，不属于雨果的是：

A.《悲惨世界》

B.《巴黎圣母院》

C.《海上劳工》

D.《包法利夫人》

E.《九三年》

F.《笑面人》

2. 雨果创作过哪些体裁的文学作品：

A. 小说

B. 诗歌

C. 剧本

D. 散文

E. 评论

F. 以上全部

3. 雨果有哪些兴趣爱好：

A. 画画

B. 听音乐

C. 搞收藏

D. 做手工

E. 参与政治

F. 以上全部

4. 雨果经历过哪些伤心事：

A. 流亡多年

B. 大女儿溺水早逝

C. 小女儿被送入精神病院

D. 在战争中饿肚子

E. 作品被批评

F. 以上全部

5. 雨果去世后，法国人民为了纪念他，没有做过的事有：

A. 为他举办国葬

B. 以他的名字命名街道

C. 将他安葬在著名的拉雪兹神父公墓

D. 把他的形象印在钱币和邮票上

E. 完整保留他的故居

答案：

1.D 《包法利夫人》的作者是同样生活在19世纪、比雨果小十九岁但是比雨果先去世的法国作家福楼拜。

2.F 雨果什么都能写，还都写得不错。

3.F 雨果是一位非常优秀的画家和设计师，如果没当作家，他的名字很有可能出现在19世纪浪漫主义画家的名单里。他会做手工，自己做个木头桌子椅子什么的不成问题。他喜欢收藏小物件（包括不少中国玩意儿，真的假的都有），家里琳琅满目的。他喜欢包括贝多芬在内的许多音乐家的作品，与好几位音乐家是朋友（比如柏辽兹）。他的许多戏剧、小说被改编成了歌剧，或成为后世作曲家的灵感来源，比如音乐剧《悲惨世界》就深受欢迎，长演不衰。他一生都积极参与政治活动，表达政治观点，还当过议员。

4.F 因为批评、反对拿破仑三世，雨果不得不离开法国流亡，在英吉利海峡中的一座小岛上住了十五年，《悲惨世界》就是在这期间出版的。好不容易回到法国后，他又遇到普法战争。普鲁士军队围城，食品紧缺，雨果吃过巴黎动物

园送过来的食物和各种“莫名其妙的东西”。谈到雨果的孩子们，他最喜爱的大女儿在十九岁时，新婚的她与丈夫在塞纳河上乘坐游船，船翻了，大女儿因为裙子太沉而溺水身亡，女婿则为了救妻子始终没有松手而遭受了同样的命运。得到消息，雨果悲痛欲绝，此后一生为此创作了许多诗歌，其中最著名的一首《明日清晨》是法国中小学生必背作品。雨果晚年，两个儿子先于他去世，小女儿则患上精神分裂症。至于作品被人批评，这是大作家们都会遇到的事，第一题提到的福楼拜就不喜欢雨果的作品。

5.C 雨果去世后，举国哀悼，超过200万人参加了葬礼游行。他的灵车穿过凯旋门，在凯旋门下停留一夜接受人们的告别，随后被送往先贤祠，在那里安葬。法国几乎每个城镇都有以雨果命名的街道或广场，比如巴黎，既有雨果大街也有雨果广场（雨果广场的地铁站就叫雨果站），不过巴黎这条叫作维克多·雨果的大道其实在雨果生前就已经改成这个名字了，而且是为了庆祝他的79岁生日修改的（生日当天，数十万人从他的窗下走过为他庆祝生日）。因为雨果当时住这条街上，所以当时的人们给雨果写信就可以写“维克多·雨果先生，他自己的街，巴黎”。法郎、邮票上当然也出现过雨果的形象。他曾经居住过的孚日广场6号则被完整地保留下来，你可以在里面看到他收藏的中国盘子、做的手工和画在墙上的画哦！

后来，凡尔纳这样表白：“维克多·雨果对我的影响非常大，我激动不已，把他的作品读了一遍又一遍。那时我能整段背诵《巴黎圣母院》中的章节，不过我最喜欢的还是他的戏剧。”

应付完高中毕业会考，凡尔纳立刻动笔开写。他效仿雨果，写洋洋洒洒的长诗，还有洋洋洒洒的长文——哎哟，长文里充满对天主教学校的吐槽，这可千万不能让爸爸看到！

爸爸皮埃尔才没工夫理会这档子事呢。他只是在适当的时候，叼着烟斗进来，对手忙脚乱藏稿纸的儿子说了一句话——只一句，却犹如一盆冷水，把凡尔纳浇了个透心凉。

只听他说：“法学院已经搞定，你可以收拾行李去巴黎了。”

在皮埃尔眼里，作为家中长子（后面还有一个弟弟和三个妹妹），凡尔纳学法律接自己的班，简直就跟法典中一行行的法律条文一样，是天经地义、毋庸置疑的事。

牙刷毛巾都没来得及收拾好，可怜的凡尔纳就被赶到巴黎去了。

家里如此迫不及待地要轰他走，一来是怕他开学迟到；二来，唉，因为卡罗琳要嫁人了——还记得小凡尔纳千方百计地想去印度群岛，带回珊瑚项链送表妹卡罗琳的事吗？这么明显的心意，家长们居然看不出来？居然把卡罗琳嫁给了一位四十岁的大叔！

好在当凡尔纳结束第一年的法律预科学习，放假回家时，他又爱上了当地一位同龄的姑娘艾米妮。这下子天又晴了，花儿又开了，小伙子一口气给姑娘写了三十首诗，形容姑娘“长着透明的翅膀”，总之很像天使！

可怕的事情再一次发生了!

姑娘的父母不喜欢凡尔纳。在他们眼里，凡尔纳只是个前途未卜的大学生，这样的人怎么能娶自己的女儿呢?不，不可以!姑娘的父母火速把女儿嫁给了一位富有的、拥有大片土地的大叔!

这下子凡尔纳崩溃了。有相当长一段时间，他写给妈妈索菲的信里充满了胡言乱语，一看就是喝醉了写下的。从此，对于自己的家乡南特，以及南特人，除了与船只相关的那些，凡尔纳都满腹怨言，很久之后还在诗作中埋汰南特。

不仅如此，有研究者指出，凡尔纳的作品简直有种

“艾米妮情结”。什么意思呢？他故事里的女主角、女配角，违背本心，被迫嫁给不爱的大叔的比例特别高，大家可以找套“凡尔纳全集”来数一数！

大河、船只、心爱的姑娘……无论对南特抱有多么复杂的情感，它的点点滴滴都铭刻在凡尔纳心里，并将在他的作品中留下难以磨灭的印记。

只是他再也不会回去了。

Chapter 3

文科生努力了解新科技

1848年，凡尔纳放完假，从南特再次来到巴黎时，革命已经又一次让“法兰西王国”变成了“法兰西（第二）共和国”，路易-拿破仑·波拿巴当选为共和国总统。四年后，这个法兰西历史上的第一位总统亲手把“法兰西（第二）共和国”又改成“法兰西（第二）帝国”，自己则摇身一变，变成了法兰西历史上的最后一位君主——是的，自他之后，法国便再没有君主，从此共和了。这位善于变身的大叔便是我们在本系列《莫奈与印象派》中介绍过的，改造了巴黎城、爱好艺术、最后输掉了普法战争的拿破仑三世，也就是扫荡了整个欧洲、最后被流放到小岛上死去的大拿破仑的侄子。

—— 番外篇·拿破仑家族的趣味冷知识 ——

＊拿破仑三世虽然是拿破仑一世的侄子，但也可以算拿破仑一世的外孙，因为他的父亲虽然是拿破仑一世的弟弟，母亲却是拿破仑一世的第一位皇后约瑟芬与前夫的女儿（也就是拿破仑一世的继女）。

＊只提一世和三世，并不是拿破仑家只喜欢奇数，拿破仑二世和四世是存在的：二世是拿破仑一世唯一的孩子（母亲是哈布斯堡家族的玛丽·路易莎），一出生便是帝国的继承人，不过他从没有真正继承过皇位，不仅因为父亲拿破仑一世的最终失败，也因为他患有本系列提到过无数次的肺结核，二十出头便离开了人世。至于拿破仑四世，则是拿破仑三世的独子，普法战争后流亡英国，加入英国军队去非洲打仗，被祖鲁人杀死了。

＊虽然拿破仑一世曾在特拉法加战役中被英国的纳尔逊将军击败，最终又在滑铁卢被英国的惠灵顿公爵击败，但拿破仑三世退位后还是流亡到了英国，并在英国去世。现在，拿破仑一世与二世父子都葬在法国巴黎的荣军院，拿破仑三世和四世父子则都葬在英国的一所教堂。

＊拿破仑三世虽然在改造巴黎城时拆毁了大量中世纪建筑和街道，但如今许多我们熟悉的中世纪时期的世界遗产，包括在大革命中遭到极大破坏的巴黎圣母院、圣米歇尔教堂、卡尔卡松城堡等，都在他的支持下得到了修复。

凡尔纳通过了考试，开始正式的法律课程学习中，虽然谈不上多喜欢，但是很用功，善于背诵的本领没丢，学起法律来绝对占优势，法律条文呱啦呱啦倒背如流，三年后顺利拿到了法律学士的学位。

除此之外，好羡慕啊，他过的就是我们想象中的巴黎大学生的生活呀，浪漫又文艺！

你看，他在塞纳河左岸、拉丁区核心地段的公寓楼里租了间不大的房子，窗台上种着花。住同一层的邻居希纳德也是南特人，是个作曲家，好邻居很快变成了好朋友，凡尔纳经常把自己的诗交给他写成歌来唱。

他靠着窗台读书、念诗，也经常去戏院，看最新的戏剧，当然包括偶像雨果的戏剧，看完回家，他自己也开始偷偷摸摸写剧本。

最有趣的是参加各式各样的文学沙龙。法国的沙龙通常会由一个风趣机智的女主人来操办，真可谓“谈笑有鸿儒，往来无白丁”，在家乡南特可绝对没机会遇到这么多精彩、有趣的人！

虽然没有机会遇到偶像雨果，但凡尔纳遇到了总写大部头小说的大仲马，大仲马还把自己同样爱好戏剧的儿子小仲马介绍给凡尔纳。

番外篇·大仲马、小仲马

★请看看以下选项，哪些属于大仲马，哪些属于小仲马：

A. 与雨果一样安葬在先贤祠

B. 有八分之一的非洲血统

C. 说历史是他“挂小说的钉子”

D. 代表作是《基督山伯爵》《三个火枪手》和《黑郁金香》

E. 代表作是《茶花女》

F. 非常富有，但最后欠下巨额债务

G. 美食家

H. 以“小说工厂”的形式批量制造小说

I. 入选法兰西学术院

答案：

大仲马	小仲马
A、C、D、F、G、H	B、E、I

这对父子都叫亚历山大·仲马，所以后人只能用大仲马和小仲马来区分他们。大仲马的祖父是法国的一位贵族，他居住在海地时，与一位女黑奴生下了大仲马的爸爸，仲马就是这位黑奴的姓氏。现在我们来做一下数学题，大仲马有四分之一的非洲血统，他的私生子之一小仲马（七岁才得到他的承认）则是八分之一。大仲马的人生非常激荡活泼，他爱吃，懂吃，甚至写过《烹饪大全》，因此不难想象他的身材。《基督山伯爵》《三个火枪手》《黑郁金香》（这些都是以真实历史人物与事件为依托创作的虚构小说，所以大家可以再品一下“钉子”的名言）等作品大受欢迎，版税丰厚，让大仲马得以一掷千金。他以自己笔下的基督山伯爵自居，盖了一座“基督山城堡”，旁边还有专门用来写作的小楼。这组建筑作者去参观过，真是每个写作者的梦想。大仲马在城堡里大宴宾客，开舞会，

享受美食，直到最后负债累累，去世时账户里只有几法郎。大仲马是位高产作家，然而，署名“大仲马”的一百五十多部小说、近百部剧本里，许多根本不是他写的，作者是他授权挂名的枪手！其中的大部分大仲马看都没看就拿去出版了，所以作品质量参差不齐。这种做法在当时就遭到许多批评，但是为了还债，没办法……大仲马在2002年被移入先贤祠。代表作为《茶花女》的小仲马虽然没有达到这样的文学高度，但是他入选了法兰西学术院——关于这个组织，后文会有详细介绍。

面对这样一对父子，凡尔纳显然和只比自己大四岁的小仲马更谈得来。凡尔纳把自己的剧本手稿《断裂的稻草》给小仲马看，两个年轻人趴在地板上，共同修改。两人的大作最终得以在巴黎上演。不仅如此，戏院主管对凡尔纳说：“要不要来剧院当秘书？工资很少，但有机会观察一部戏剧从手稿到上演的全过程哦！”

凡尔纳欢呼雀跃：“当然要！今晚我就来上班！”他是如此兴奋，为了庆祝得到这份工资少到可以忽略不计的工作，甚至专门和十个好朋友成立了一起吃吃喝喝的“十一单身汉”俱乐部！

朋友们，我发工资啦，今天的饭我请！大鱼大肉随便吃！
哇，太棒啦！

青春啊，热血的青春！真正热爱一样东西的时候，你是不会考虑能挣多少钱的！

也正是在文学沙龙，凡尔纳遇到了《家庭博物馆》杂志的主编谢瓦利埃。谢瓦利埃正抓耳挠腮地为杂志组稿，他想找一位能把地理、历史、科学、技术等知识巧妙融合到大众可以接受的通俗散文或者有趣故事中的作者。

听说这个消息，凡尔纳再次欢呼雀跃："这个栏目简直是为我量身定制的！我从小就是地理达人！"

结果这个专栏凡尔纳一写就是好多年。

河边长大的孩子或许的确是地理达人，但若要写出精准的专栏文章来，还是有许多知识需要恶补的——不怕！法兰西国家图书馆就在巴黎（顺便说一句，那真是一座美轮美奂的图书馆），凡尔纳一个猛子扎了进去，读厚厚的专著，也读薄薄的论文，了解最新的科学技术与发明创造，一个全新的、无比激动人心的世界在他面前徐徐展开……

自打进入19世纪的后半场，整个法国不再像前半场那般动荡，阅读过本系列其他分册的读者一定能够总结得出：这时的欧洲，以蒸汽机为代表的第一次工业革命已全部完成，即将走向以电气化为代表的第二次工业革命；城市规模急速膨胀，城市人口接连翻番（否则拿破仑三世就没有必要搞巴黎大改造了）；国家与国家之间的合作与交流日益频繁，本系列《爱迪生与电气时代》中详细介绍过的世博会就是体现这种交流的一面镜子。

这番情景，真可以用“日新月异”来形容，而日新月异的前提，是科学与技术的迅猛发展，是层出不穷的突破与创新。比方说：

1848年，凡尔纳是先坐马车到图尔，再转乘火车去巴黎的；而到了19世纪60年代，火车已经可以从南特直达巴黎。**铁路网四通八达，把法国与整个欧洲大陆连接在一起。**

1838年，两家英国船舶公司分别派出一艘蒸汽船，首次穿越大西洋到达纽约；到19世纪60年代，大西洋、印度洋乃至太平洋上，众多蒸汽船已定期往返。**轮船把法国与整个世界连接在一起。**

不仅如此，以下的诸位大师都曾在本系列出场，他们的这些重大科学、技术成果都出现在19世纪后半叶：

1859年，**达尔文**发表惊天动地的**《物种起源》**；

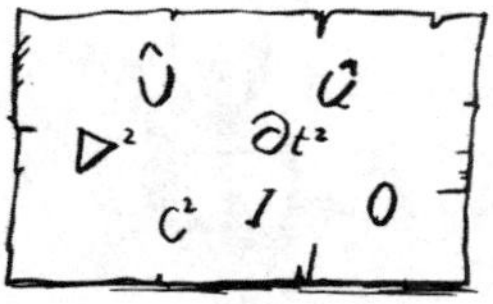

1864年，**麦克斯韦**给出**电磁方程组**；

1865年，**孟德尔**发表“**孟德尔定律**”，奠定遗传学基础；

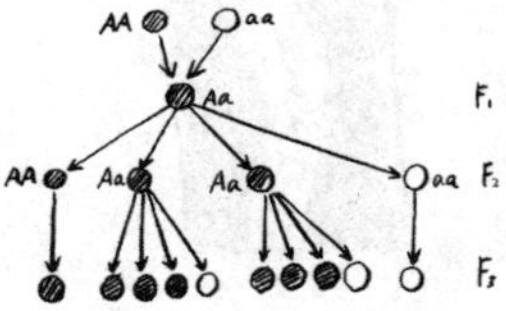

1866年，大亨**菲尔德**百折不挠，**跨大西洋电缆**终于铺设成功；

1867年，**诺贝尔**发明**炸药**；

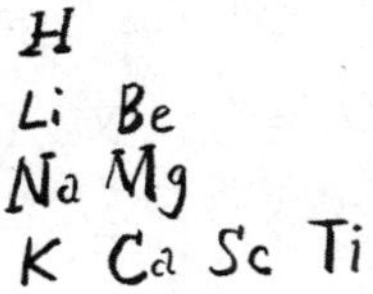

1869年，**门捷列夫**编制**化学元素周期表**；

1876年，**贝尔**成功拨打了第一通**电话**；

1877年，**爱迪生**发明**留声机**；

1879年，**爱迪生**成功测试第一个**电灯泡**；

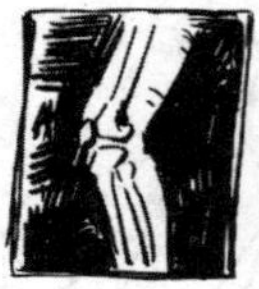

1895年，**伦琴**发现**X射线**；

1895年，**卢米埃尔兄弟**在巴黎的咖啡馆放映**电影**。

还有一位大师，尚未逮着机会出场，然而梳理19世纪后半叶科技的突破与创新，无论如何不能少了他，那就是路易·巴斯德先生！

巴斯德比凡尔纳大六岁，家境却差很远。他的爸爸只是个普通皮匠，曾在拿破仑的军队里打过仗。光看巴斯德小时候的成绩单，实在看不出多少日后会成“大神”的迹象。他最喜欢的是钓鱼和画画，成绩一路中等，偶尔还挂科，二十岁才下决心报考巴黎高等师范学院，考了两次之后考上了。

小知识

巴黎高等师范学院

巴黎高等师范学院（简称巴黎高师）是世界上最古老的高等师范学校哦。学校虽然很小，但直到今天依然是世界级的名校。截至2019年10月，该校的校友和教职员工中共有二十二位诺贝尔奖得主和十四位菲尔兹奖得主（对，它的数学超级强）！

以下是巴黎高师的一小部分著名校友：

本章主人公路易·巴斯德，

年纪轻轻就和人决斗去世的数学天才伽罗华，

数学家傅里叶（说实话，数学家太多，列不过来），

哲学家福柯，

哲学家让-保罗·萨特，

以及法国总统蓬皮杜（有以他的名字命名的现代艺术博物馆蓬皮杜中心哦）。

除了许多诺贝尔物理学奖、化学奖获得者，居然还有一位文学奖获得者，就是大家熟悉的《约翰·克里斯朵夫》《巨人三传》的作者罗曼·罗兰。

毕业后，巴斯德成为一名化学老师，在好几所大学教过书，包括母校巴黎高师，后来又念了博士。六十五岁时，他创立了巴斯德研究所，直到今天，这仍然是全

世界最好的生物与疾病研究中心之一。

大家看，巴斯德起初是走化学家的路线，在化学晶体的形态和结构方面已经有不少响当当的科研成就。可就在这时，一位学生家长找上门来，不是因为孩子的成绩，而是因为这位家长是葡萄酒商，他想咨询一下尊敬的老师，酿出的葡萄酒为什么会变酸。

从酒开始，巴斯德踏上了波澜壮阔的生物研究之路。

他仔细研究了葡萄酒发酵的过程，很惊异地发现：葡萄酒发酵也好，变酸也好，都是由微生物造成的，只不过微生物的种类不同，环境、温度、酸碱度等各种因素都会以特有的方式影响不同的微生物。

那么，如何杀死那些让酒变酸的微生物，又不影响酒的风味呢？

这难不倒我们天才的巴斯德！他目光炯炯，发明了大名鼎鼎的巴斯德消毒法，简称巴氏消毒法，也就是低温消毒法。这种消毒法把液体短暂地加热到60~90摄氏度，杀死其中特定的微生物（具体温度和时间长短根据液体种类和所含微生物的性质决定）。直到如今，人们仍然用这个方法来为牛奶、啤酒、葡萄酒和果汁消毒。

说到微生物，并不是巴斯德最先发现的，而是列文虎克最先在显微镜下观察到的，可列文虎克虽然看到了镜片下游来动去的小玩意儿，对于微生物的性质却一无所知。直到一百多年后，巴斯德才登堂入室，闯入神秘的微生物世界，他因此被称为“微生物学之父”。

光有酒不行，还得有肉！巴斯德煮了一大锅肉汤，和助手使用各种奇怪的瓶子做各种奇怪的实验：一会儿把肉汤盛在直颈瓶里用棉花堵住封口，一会儿把肉汤盛在弯弯绕绕的鹅颈瓶里，一会儿加热，一会儿冷却……总之就是尝试各种微生物接触空气以及接触肉汤的可能性，最后巴斯德在实验记录本上庄严地写道：

光是空气绝对不能产生微生物，空气中的微生物是附着在尘埃上的。

这说明什么呢?

对于微生物，当时人们奉行的是“自然发生说”，也就是说，人们认为显微镜片下这些小玩意儿是从空气里凭空长出来的。现在巴斯德通过实验证明，微生物虽微，但就是生物，会生长，会发生各种作用（让酒变酸，让肉汤变臭），生物只能来源于生物，非生命物质绝对不可能随时自发产生新生命!

刚给酒和肉诊完“病”，巴斯德又被法国南方的蚕农给请过去了，因为蚕们集体生了病! 又是一轮接一轮的实验，巴斯德发现，生病的蚕宝宝体内都有些神秘小球。进一步的研究让他恍然大悟：这些小球不仅是病症，还是病因，这些小球是活的，它们来自蚕体外，但在蚕体内繁殖，它们不仅可以通过蚕卵一代代传下去，还可以通过病蚕污染过的桑叶传染，致蚕于死地。

“必须捣毁病蚕、病卵和脏桑叶，还不能让病蚕和健康蚕有任何形式的接触！”巴斯德对蚕农们说。

蚕农们照做了。于是，继葡萄酒产业后，巴斯德又拯救了法国的另一个支柱产业——丝织。

小球就是细菌，细菌是微生物的一种，历史上第一次，人们颤抖地得知：细菌会导致并传播疾病！

看这一步步辉煌的成就，巴斯德已经是当之无愧的科学巨人了啊！可他没有止步，蚕已经不能满足他了，他把目光转向了体态更大的家禽和家畜，以及人类。漫长的研究过程中，他的五个孩子有三个都因为伤寒先后夭折，而伤寒就是由一种细菌引起的呀！每送走一个孩子，他都红肿着眼睛回到实验室继续工作，一分钟也舍不得浪费——好想尽快了解更多关于细菌的事啊，虽然来不及救自家孩子的命，但或许有一天，能救到别家的孩子吧！

不仅如此，他自己也中了一次风，左半边身体瘫痪了一段时间，但最终他还是顽强地康复了。这时的他，已然是一尊打不垮的“巴神”。

巴斯德渐渐意识到，如果用特殊方法培养病菌，可以减弱它们的毒性，把“弱化”的病菌注入生物体后，生物体从此就会对这种疾病产生免疫，不会再感染上了，这样一来，人为注入的病菌便成了疫苗。

番外篇·疫苗简史

1796年前

数百年来，民间已经存在一些朴素的免疫法，比如一些僧侣靠喝蛇的毒液来保护自己被毒蛇咬到后不被毒死。

↓

1796年

5月14日，英国医生爱德华·詹纳给一个八岁男孩接种了牛痘——18世纪，天花盛行，当时通行的办法是把天花患者身上的脓注入健康者的皮肤下面（这个方法被称为“人痘”，中国明清两朝都有使用），因为病毒不是通过空气在肺部感染，所以症状会轻微一些，但还是有病人死亡。当时民间有“得过牛痘就不会再得天花”的说法，詹纳医生注意到挤奶工大多得过牛痘，但很少得天花，他意识到牛痘与天花之间有关联（牛痘病毒的确是天花病毒的近亲），于是用牛痘代替天花对男孩进行接种。男孩染上了牛痘，等康复之后，詹纳再给他接种天花，男孩完全没有受感染。詹纳医生的试验成功了，他称呼这种方法为vaccination（预防接种），vacca在拉丁语里就是“牛”的意思。

↓

1798年

詹纳医生关于疫苗接种的论文出版（自费出版的，因为被皇家学会拒了）。詹纳不仅观察到了现象，还进行了记录与总结，然后提出科学的假说，并通过干预性的实验证实了这个假说，这是有系统的、科学严谨的研究方法，因此在科学上被认为是免疫学与免疫接种的真正开始。詹纳的梦想是“消灭天花”。

↓

1881年

发明首支抗炭疽疫苗（巴斯德）

↓

1882年

发明首支抗狂犬病疫苗（巴斯德）

↓

1890年

发明首支抗破伤风、白喉疫苗

↓

1892年

发明首支抗霍乱疫苗（由了不起的法籍犹太裔微生物学家沃尔德玛·哈夫金发明，他曾任职于巴斯德研究所）

↓

1897年

发明首支抗鼠疫疫苗（还是沃尔德玛·哈夫金发明的，他曾在自己身上试验鼠疫疫苗）

↓

1921年

发明首支抗结核病疫苗（卡介苗）

记得吗？光是在“写给孩子的名人传”系列出场的著名人物中，就有很多是死于结核病的，普通人就更不用提了，可见“白色瘟疫”结核病的厉害。卡介苗（Bacillus Calmette-Guerin）就是用来对抗结核病的，它是目前唯一一个没有用疾病而是以发明人姓氏命名的疫苗——法国科学家阿尔伯特·卡麦特和卡米尔·介兰都在巴斯德研究所工作。卡介苗在法国问世后，渐渐被欧洲其他国家使用。可是，1930年，德国吕贝克卫生部门给256名新生儿口服卡介苗后，76名婴儿死亡，131名发病。虽然后来调查发现是疫苗生产过程中意外感染了结核杆菌，不是卡介苗本身的问题，但这一悲剧还是大大延缓了不同国家对卡介苗的接受速度。直到“二战”，结核病在欧洲、亚洲死灰复燃，卡介苗才得以被大规模使用。如今全球已有超过40亿人次接种了卡介苗，它是世界上使用最广的疫苗之一。

↓

1926年

发明首支抗百日咳疫苗

↓

1937年

发明首支抗伤寒疫苗

↓

1945年

发明首支抗流行性感冒疫苗

流感啊流感，听着没什么，实际上它每年在全球范围内导致数百万人重症，数十万人死亡。在1918到1919年神秘暴发又神秘消失的“西班牙流感”（并不是最先出现于西班牙），造成了全球5亿人感染，5千万人死亡。到了20世纪40年代，科学家们确定了流感病毒，开始大量生产流感疫苗，但是流感病毒非常狡猾，每隔几年就变异、产生新的毒株，因此从那时到现在，世界卫生组织每年都组织两次讨论和分析，根据全球流感监测网络（包含13个流感参比实验室，其中北京1个、香港2个）收集全球流感流行情况，预测流感流行趋势，从而推荐适合本年度流感疫苗生产的毒株。科学家们仍然在寻找新的技术来优化流感疫苗的效果，以应对下一次的流感大流行。

↓

1952年

发明首支抗脊髓灰质炎疫苗

说“脊髓灰质炎”，大家可能不熟悉，但它的另一个名字可是鼎鼎有名——小儿麻痹症。脊髓灰质炎病毒会侵入神经系统，导致肌肉变性、麻痹，甚至有时会让人因窒息死亡。为了避免窒息，有些患者不得不长年累月地住在被称作“铁肺”的呼吸机中，几乎无法进行任何活动，痛苦不堪。“二战”期间的美国总统富兰克林·罗斯福就是因为在三十九岁时罹患脊髓灰质炎而导致双腿瘫痪，总是坐轮椅的。为了抑制这种可怕的病毒，罗斯福总统成立了“国家脊髓灰质炎基金会”。在这个基金会的资助下，美国医学家索尔克和沙宾分别研发出注射和口服的抗脊髓灰质炎疫苗——两位医学家一直处于针锋相对的竞争关系，后来沙宾的疫苗在多数国家被称为标准疫苗，沙宾也因此获得了诺贝尔医学奖。

↓

1967年

首支抗腮腺炎疫苗

↓

1974年

首支抗水痘疫苗

↓

1977年

首支抗肺炎疫苗（肺炎双球菌）

↓

1978年

首支抗脑膜炎疫苗（脑膜炎双球菌）

↓

1980年

世界卫生组织宣布全球彻底消灭天花，这是人类迄今为止唯一一个通过疫苗接种消灭的疾病——詹纳医生的梦想实现了。

↓

1981年

首支抗乙型肝炎疫苗

↓

1992年

首支抗甲型肝炎疫苗

↓

2006年

首支抗宫颈癌疫苗

↓

2019年

首支抗埃博拉出血热疫苗

↓

2019年

世界卫生组织宣布，导致小儿麻痹症的II型和III型脊灰野病毒已在全球范围内被消灭，只剩下I型了。小儿麻痹症有望成为继天花后下一个被彻底消灭的疾病。

↓

2020年

首支抗新型冠状病毒疫苗

说回巴斯德。他用注射疫苗的方法先是治好了鸡霍乱，接着是牛炭疽，再接着是猪丹毒……最后，狂犬病疫苗也研制成功——有人亲眼看到，为了获得更多研究样本，巴斯德两手戴着橡胶手套，把一只得了狂犬病的

呼哧呼哧的斗牛犬按在桌子上，然后用嘴叼着试管去接斗牛犬那致命的哈喇子！

斗牛犬从没有见识过如此无畏的科学精神，惊得哈喇子如泉涌！

1885年，九岁的小迈斯特被疯狗严重咬伤，患上了狂犬病，家人抱着最后一丝希望，把他送到巴斯德面前。救还是不救？在旁人眼里是个问题，因为巴斯德只是科学家，并没有行医执照，一旦出问题，是会锒铛入狱的。

可巴斯德几乎没有犹豫，多等待一秒，小迈斯特得救的可能性就降低一分。巴斯德举起针头就扎，接连十一天，马不停蹄地给小迈斯特接种了十三次狂犬疫苗！

三个月后再次接受检查时，小迈斯特已经是个完全健康的孩子，巴斯德从死神手中把他抢了回来。

可以告诉大家的是，小迈斯特长大后，一直担任巴斯德研究所的看护人，直到六十四岁去世。

小迈斯特之后，全欧洲被疯狗咬伤的病人都被送到巴斯德这儿来了，甚至美国的病人也跨越大洋来到他面前……

他的的确确拯救了无数孩子，还有无数大人的生命。

他加入了法兰西学术院，还有本系列中出现过无数次的英国皇家学会，并获得了皇家学会的科普利奖章。

可是他没能战胜第二次中风。第二次中风后一年，巴斯德在巴黎去世。法国为他举行了国葬，并将他安葬在巴黎圣母院，后来又转移到巴斯德研究所，那个最适合他的地方。

这就是巴斯德，不仅学术成就足以与牛顿、爱因斯坦、达尔文比肩，也是一个众所周知的品德高尚的人。

巴斯德这样的大师们为欧洲带来了欣欣向荣的19世纪后半叶，带来了科学、技术的黄金年代。同样生活在巴黎的凡尔纳，如同置身于五光十色的万花筒，被环绕四周的新发现、新发明、新创造晃得眼花缭乱。作为学法律的文科生，他一有空就趴在国家图书馆，阅读一切可能的资料，默默汲取科学与技术的营养，了解它们是如何改变城市与生活的，更重要的是，幻想它们还将如何改变城市与生活，如何改变人们的所思所想……

于是，他为《家庭博物馆》杂志的专栏写的第一篇文章就是《气球上的旅行》，而就在第二年，法国发明家吉法德驾驶以蒸汽为动力的氢气球“飞船”飞上了天空。

“这个专栏是一个预示，预示着我命中注定要写那种小说。”后来凡尔纳这样说。

Chapter 4

朝着梦想的方向

年轻的凡尔纳在巴黎参加文学沙龙，结交作家朋友，为杂志写专栏，去剧院看戏，体会大时代里大城市“扑通扑通”强劲的脉搏，可他总感觉背后有双眼睛阴森森地盯着他，猛一回头却什么都没有。过了好一阵子他才反应过来：哦，那是老爸的眼睛……

没错，老爸皮埃尔还在老家南特等着他回去接手律师事务所呢！

说起凡尔纳平日写给爸爸的家信，与现在外出求学的大学生的家信没什么两样，主要就是汇报学习成绩和盘点开支，表明他有正当理由让家里再寄几百法郎过来。

虽然对自己丰富的课余生活只是一笔带过，可老爸真像长了双千里眼，每封信的结尾都要义正词严地敲打他一番，让他“别搞那些无聊玩意儿”，也就是写作。

凡尔纳拿到学位后的那年冬天，皮埃尔在信中下了最后通牒：尽快回家，到律所报到上班。

隔着十万八千里，不怕老爸的铁拳，凡尔纳同样义正词严地回了信，表明写作是自己经过深思熟虑后所选择的职业道路："我难道不应该听从自己的直觉吗？正因为了解自己，我才对将来我所能成为的那个人充满信心！"

听听，这话说得多好，简直掷地有声！

爸爸皮埃尔读完信后果然十分"感动"——他毫不犹豫地断掉了对儿子的经济资助，反正这不听话的臭小子已经毕业了。

就这样，凡尔纳依靠当剧院秘书那少得可怜的工资和五花八门的稿费，在繁华的巴黎跌跌爬爬地过日子。直到二十八岁那年春暖花开的五月，他被同样来自南特的好朋友邀请去亚眠参加婚礼，并且是当伴郎哦！

之所以在亚眠办婚礼，是因为新娘的娘家在亚眠。凡尔纳作为伴郎责任重大，他提前好几天就到达了，帮忙干这干那，什么都搭把手。他就像新郎的亲兄弟一样，被安排住在新娘家的大房子里，新娘全家都很喜欢他。这样一来二去，到婚礼结束时，他已经爱上了新娘的姐姐莫蕾尔。

莫蕾尔比凡尔纳还小两岁呢，可已经是两个孩子的妈妈了，她之前结过婚，因为丈夫生病去世，才回娘家住的。

凡尔纳已经不满足于当伴郎了，他想当新郎！可艾米妮被迫嫁给大叔的往事重新浮现在眼前，那时艾米妮的家人嫌弃他前途未卜，这么多年过去，除了年龄增长了好几岁，他的前途依然不太好卜，经济状况甚至比当学生的时候还要差！这样的凡尔纳，怎么好意思向莫蕾尔求婚呢？

于是，凡尔纳果断踏入金融圈，当起了股票经纪人助理。

虽然辞掉了剧院的工作，但写作是不能丢的。凡尔纳每天早早起床，先写上一大段，然后去巴黎股票交易所上整整一天班。后来同事们回忆起来，只记得他言语风趣，整个人都很可爱，至于业绩，全然没有印象，可见很一般。

周末和假期呢，除了偶尔与“十一单身汉”俱乐部的其他成员聚会玩耍（其余十位单身汉都已经结婚了），就是去国家图书馆继续他的研究。但凡遇到有趣、有用、触发灵感的信息，他就记在小卡片上——这成为他保留了一辈子的一个小习惯，书房里总有一沓沓写满字的小卡片。

有了稳定高薪的工作，凡尔纳勇敢求婚，赢得了莫蕾尔及其家人的同意，几个月后两人就结婚啦。

又过了一年多，好友希纳德的哥哥抛出橄榄枝，愿意借一艘船给弟弟和凡尔纳，让他们驾船去英国。

凡尔纳激动得好几天睡不着觉，他已经整整三十岁了，可当他看到停靠在港口中等待他俩的那艘船时，仿佛一下子回到小时候，重新变成了那个想当跑腿去印度群岛的小男孩！难以相信一转眼的工夫，近二十年已经过去，难以相信凡尔纳直到三十岁才第一次走出法兰西的国土！

蒸汽船载着两个老男孩，从法国的波尔多出发。船长是苏格兰人，可无论是凡尔纳还是同样在波尔多上船的领航员，都一句英语不会说，全靠希纳德充当翻译。他们慢悠悠航行了十来天，在英国的港口城市利物浦上岸，改乘火车，前往苏格兰的首府爱丁堡，在苏格兰大大小小的湖中畅游，又从格拉斯哥返回伦敦，打卡本系列中提到的伦敦所有景点，从杜莎夫人蜡像馆到格林尼治，从威斯敏斯特大教堂到特拉法加广场，还在莎士比亚的环球剧院看了一场《麦克白》，这才依依不舍地启程回家。

这一路的行程，我们怎么会知道得这么清楚?

很简单，因为凡尔纳把它详细地记录了下来，写成一本半自传体的小书《退回英国》，不过这本小书直到一百多年后的1989年才被人发现并出版。

旅行是会上瘾的!

三年后，还是这两个老男孩，还是那艘船，再一次出发，往更远的北欧驶去。他们畅游了瑞典，又畅游了挪威。在畅游丹麦时，凡尔纳收到妻子的加急电报，不得不撇下希纳德急匆匆往回赶——即使这样，他还是错过了唯一的亲生孩子出生的那一刻。

两次出海远行，股票经纪人助理那颗爱冒险、爱探索的心又烈烈燃烧起来。当妻子看到家里地板上铺满五颜六色的地图，问他怎么回事的时候，以壁虎姿势趴在其中一张非洲地图上的凡尔纳抬起头来说：“驾驶热气球穿越整个非洲，你说，五个星期够不够？”

就这样，《气球上的五星期》，凡尔纳的第一部长篇幻想小说在北欧之行一年半之后出版了。

回想一下凡尔纳为《家庭博物馆》杂志所撰写的第一篇专栏文章，我们发现，他的确对热气球有执念。事实上，结束北欧之旅后没多久，他就和另一位好朋友——摄影师纳达尔，合伙成立了一个名字巨长的协会：鼓励借助比空气重的机器进行空中飞行协会。纳达尔担任会长，凡尔纳是秘书长。

之前我们有提到第一架蒸汽“飞船”的发明人吉法德。吉法德造“飞船”时，身边有个心灵手巧的年轻助手戈达德。这个戈达德呀，很快青出于蓝，成为整个欧洲最好的热气球制作者和飞行家。在奥匈帝国皇帝弗朗兹·约瑟夫一世和茜茜公主的婚礼上，戈达德驾驶自制的热气球，越过高山，越过深谷，表演了多次起降，成为整个婚礼上最受欢迎的节目。

等他终于从热气球下方的篮子里出来，约瑟夫一世热情地握着他的手说：“如果再有战争，你就多造几个热气球，组成气球战队，帮我从空中探察敌情，你看如何？”

戈达德竖起大拇指连声赞叹：“皇帝陛下，这真是个天才的设想！”

约瑟夫一世哈哈大笑，立刻封戈达德为“皇帝的航空员”。

随后，戈达德就去了美洲，等他在美国、加拿大、古巴飞了一大圈回到欧洲，法国和奥地利打起来了。戈达德完全没有忘记那个天才的设想，他果然热火朝天地造了好几个热气球，组成气球战队进行空中侦察——只不过，他是在为自己的祖国法国服务呢！

最终，法国打败奥地利，其中也有戈达德的一份功劳。他用童话一般的热气球战队，开启了空中侦察的先河。

戈达德再一次被封为“皇帝的航空员”，这次可是拿破仑三世封的了，哈哈！

这以后，戈达德不断改进他的热气球，添加各种更加有利于飞行的小发明。1878年的巴黎世博会上，戈达德和老伙伴吉法德携手，向公众提供乘坐热气球上天的服务。那时，他们的“飞船”一次已经能够承载五十二名乘客了。整个博览会期间，一共有三万五千人被热气球带上了天，第一次俯视脚下这座生气勃勃的巴黎城。

顺便说一句，这项活动如今在巴黎城仍可体验。

在戈达德长达四十五年的职业生涯中，他制造了数十个不同型号的热气球飞行器，在两个大洲的十个国家飞行过两千五百次，在飞行高度、飞行距离和飞行时间上都打破过世界纪录。

那么其中有一个热气球，就是戈达德为摄影师纳达尔制造的。这个气球高六十米（二十层楼高），容量六千立方米，被非常恰如其分地命名为“巨人”。收到气球后，纳达尔浮想联翩，他想象着自己在热气球下方的篮子里搞航拍的潇洒模样。可惜仅仅第二次试飞，“巨人”就一头栽了下来，篮子砸了个稀巴烂。

纳达尔没有气馁，他自己修复了篮子，继续试飞。几年后，他已经可以带十二个人一同上天，还给大家提供炸鸡和啤酒。不仅如此，1870年普法战争爆发后，巴黎被围，纳达尔组织起热气球邮政小分队，让“巨人”等热气球进出巴黎为人们送信。

哇，我们的信来啦！
还有急需的物资！
“气球邮递员”真是太了不起啦！
长大了我也要开热气球！

看到这里，大家是不是和我一样热血沸腾？是不是想抚琴高歌一曲：“啊，一时间多少英雄豪杰——”大时代催生了多少传奇人物啊！

不过，那都是后来的事了。早在“鼓励借助比空气重的机器进行空中飞行协会”刚刚成立，纳达尔都还没来得及发出“巨人”的订单的时候，凡尔纳就已经着手创作《气球上的五星期》了。1863年初，“巨人”还远远没有完工，《气球上的五星期》就已经出版了。

凡尔纳旁观了“巨人”在巴黎的第一次试飞，却没能参加“巨人”在比利时的第二次试飞（幸好没有）。作为飞行协会的秘书长，他写了那么多次热气球，却始终没能亲自坐上一回，直到《气球上的五星期》出版整整十年后，戈达德带着气球到亚眠玩耍，才把凡尔纳拉上天空，凡尔纳完成了他人生第一次也是唯一一次热气球飞行。

无论航船旅行还是热气球飞行，虽然过程有点长，但最终都圆梦了。

不过，《气球上的五星期》能够顺利出版，除了梦想的力量、灵感的撞击以及辛勤的研究与笔耕，还因为凡尔纳遇到了一个人。

Chapter 5

黄金搭档

凡尔纳遇到的这个人名叫赫泽尔，是个编辑兼出版商。他不是普通的出版商，而是出版过巴尔扎克、乔治·桑、雨果等一堆著名作家作品的出版商！

赫泽尔呢，一直在谋划创办一份高质量的新杂志——既有文学性，又有科学性和趣味性，全家老少都能读的那种。掰着手指列数完要求后，赫泽尔连连叹气，感慨这样高质量的作者很难找到。一旁的凡尔纳简直按捺不住自己的心跳，他果断上前，递给赫泽尔几份有自己专栏的《家庭博物馆》，以及自己新写的《气球上的五星期》手稿。

身经百战的出版商目光如炬，一遍读完便知道：踏破铁鞋无觅处，得来全不费工夫！

“可以考虑先连载，再出版，”赫泽尔对凡尔纳说，“前提是得先做一些小小的修改，你愿意吗？”

“愿意！一百个愿意！”凡尔纳连连点头。

他一溜烟儿奔回家，两周之内就按照赫泽尔的要求修改完毕，把稿子誊抄得整整齐齐，重新交上去。

赫泽尔没有食言，《气球上的五星期》，凡尔纳的科幻小说处女作，就这样先在《教育与娱乐》杂志进行连载，然后以书籍的形式出版了。

发现了宝藏就不能松手！赫泽尔随即向凡尔纳建议：凡尔纳每年交三本书，每本书赫泽尔会付一笔钱买断版权，然后照例走先杂志连载、后图书出版之路。

凡尔纳反正也没有很多经验，觉得这样一来不仅写的书有地方出版，而且不管卖多卖少都有保底的收入，再也不用每天去股票交易所操作股票啦！他简直兴奋得手舞足蹈，立刻就和赫泽尔签了合同！

两人就这样踏入了长期、稳定的合作模式，凡尔纳几乎把每一本书都交给了赫泽尔。直到如今，购买凡尔纳的作品，仍然可以选择“赫泽尔版”，也就是按照一百多年前的首版所制作的经典版式：每本都是暗红色的硬封皮，配上看起来很有异域感的图案，下方有醒目的“赫泽尔”字样，书脊上有灯塔、船舵和铁链，封底有J和H交织的标志，翻开后有特别华丽精美的插图。我自己也买过一套，古色古香，感觉好极了！

长达二十余年的“你写我出”的合作过程中，不是没有矛盾的，矛盾之一就是这个“小小的修改”。

你看，赫泽尔作为资深出版商，总觉得他更懂读者、更懂市场，所以总喜欢让凡尔纳改稿子。他每次改稿都说得轻描淡写，但其实没有一次是“小小的”。

比如第二本书《哈特拉斯船长历险记》，写到结尾时，凡尔纳把自己都给写哭了，因为他让哈特拉斯船长遇险身亡了。结果书一交上去，赫泽尔大惊失色：“你怎么能把标题人物给写死了呢？说好的冒险神剧呢？说好的男主光环呢？读者是不会愿意看到英雄被击垮的……来，让我们做一些小小的修改！”

凡尔纳只好捏着鼻子把整个结局都改了。

更气人的是，有时候都不是修改的问题，而是整本书被退稿！比如凡尔纳吭哧吭哧、含辛茹苦写了一本《20世纪的巴黎》，这是他对一百年后的巴黎做的预言。结果赫泽尔一看，再次大惊失色："你的预言为何如此灰暗？说好的正能量呢？说好的未来会更好呢？读者们不会愿意看到一百年后是这样的景象……小小的修改没有用了，本书不予出版。"

凡尔纳憋着一肚子气，把手稿拿回家了。

结果这本《20世纪的巴黎》在写完一百三十一年后，也就1994年才得以出版！手稿是凡尔纳的曾孙在地下室早被遗忘、连钥匙都丢了的保险箱里发现的！

这本惨遭退稿的书写的是一个怎样的故事呢？

故事的主人公是一个生活在1960年（也就是九十七年后）的少年米歇尔。米歇尔可以说是一位生不逢时的诗人，因为1960年的世界，唯一看重的是技术与商业，诗歌、美术、音乐、敏感的心灵全都没有了用武之地。米歇尔一路受挫，找不到适合自己的工作。然而技术与商业并不能拯救一切，当寒冬与饥荒到来，失去了朋友与心爱姑娘的米歇尔最终晕倒在雪地之中……

灰暗吗？或许的确有点儿。可是摸着良心说，已经经历过20世纪的我们，难道可以完全否认这份“灰暗”？难道就没有一丁点儿被这番“灰暗”触动心灵，引发思考?

来看看凡尔纳是如何描述他所置身的这座城市在九十七年后的模样吧！他写到由内燃机提供动力的汽车、加油站、柏油路、奔跑于地面和地下的公共交通、电磁高速火车、压缩空气、摩天大厦、夜晚点亮整座城市的电灯、传真机（在书里叫“传图电报”）、电梯、能够通过网络互相发送信息的电脑（书里将它们描写为“复杂的电力机械计算机，能够实现远距离的信息传送”）、风力的运用、自动警报系统、杀人的电椅、远程控制系统，以及威力大到可以毁灭整个地球的武器！

还不仅仅停留在技术层面而已。城市往郊区的拓展，高等教育机构大规模批量产出毕业生，百货商店、大型旅馆涌现，大量女性走入职场……这些社会结构上的变化，凡尔纳也写到了。

他甚至详细描述了20世纪的“电子音乐”：一种类似于合成器的乐器出现，传统音乐会在很大程度上被音乐录制产业取代，身处世界不同地区的音乐家们得以共同创作、同时演奏同一支乐曲……

看到这里，你心中的疑团是不是越来越大，终于抑制不住地喷涌而出？你想问：“这真的只是文科生的文学创作？他真的没有透过水晶球看到未来，或者通过某种神奇的方法先去1960年转悠了一圈？”

之后我们还将看到许多凡尔纳穿越一般的“预言”，然而这本《20世纪的巴黎》，因为不被出版商喜欢，就这样在保险箱里一躺一百多年，把每一个预言都躺成了现实。

是的，改稿就是这对黄金搭档之间的主要矛盾。对此我可太有感触了：对作者来说，被编辑以市场为理由要求修改稿件，会有一种“变节”之感！因此，当凡尔纳的翅膀越来越硬，他对赫泽尔的修改建议就抗争得越来越厉害，双方每次讨论手稿都得打起十二分的精神，斗智斗勇，讨价还价。

比如赫泽尔说：“哎呀，这位尼莫船长，你说他是被俄罗斯人杀害了全家的波兰科学家？这怎么行？我们会失去俄罗斯市场的，别忘了你有很多俄罗斯粉丝！”

凡尔纳说：“我不要听，不要听！”

赫泽尔说：“必须进行一些小小的修改！把尼莫船长改成与罪恶的奴隶交易作斗争的英雄吧！”

凡尔纳说：“不改，坚决不改！为什么我笔下每个男一号都非得是高大伟岸不会死的英雄？”

赫泽尔说：“乖……”

凡尔纳说：“不！”

讨价还价的最终结果是模糊处理：尼莫船长的家园被占领、亲人被杀害，但没明确说究竟是谁干的。船长的过去犹如一团迷雾，更增添了故事的神秘感。

不过呢，我们可不能因此就把赫泽尔一棍子打死，作为眼光毒辣的资深出版商，他的许多建议还是很有道理的。所谓当局者迷，凡尔纳的确需要赫泽尔冷静的旁观与间或的“毒舌”，毕竟，作为伯乐，赫泽尔是最懂凡尔纳作品的人。赫泽尔曾说：“凡尔纳这些非同寻常的旅行，勾勒出现代科学在地理、地质、物理、天文等方方面面的进展与积累。他用他独有的风趣语言与壮阔布局讲述着宇宙的故事。”

看，多么精准的评价！许多年后，凡尔纳承认，这的确就是他写作的目标：“描述地球，但又不仅是地球，而是整个宇宙……以及在描述的同时，实现一种美感，达成自己的风格。”

说完，头发胡子都白了的凡尔纳还很调皮地补充了一句：“这是一个很宏大的计划！因为地球这么大，生命又这么短！把我脑袋里的东西都写完，至少要活到一百岁才勉强够！”

这对黄金搭档一路跌跌撞撞、相爱相杀地合作，他们的第一本小说便大获成功，以后每年至少两本，几乎每本都大受欢迎。凡尔纳终于得偿所愿，成为专职的作家，有足够的稿费去买心爱的小玩意儿了。

《气球上的五星期》出版仅四年后，凡尔纳钻进保险箱数了数私房钱——哎呀，够了！一分钟都不能等，立刻下单！

他买了什么呢？

当然是船，一艘他起名为“圣米歇尔”的小船！他的亲生儿子叫米歇尔，笔下许多人物也叫米歇尔，可见他有多爱这个名字。

随着保险箱里的稿费越攒越多，“圣米歇尔”号变成了“圣米歇尔1号”，很快被更大的“圣米歇尔2号”以及更大更大的“圣米歇尔3号”所取代。二十年间，凡尔纳乘坐“圣米歇尔”号纵横四海，从里斯本到阿尔及尔，从苏格兰到爱尔兰，从荷兰到德国，到曾经错过的丹麦，从北海到波罗的海……他加入了“法国游艇俱乐部”，留起了大胡子，俨然一位老水手。

凡尔纳五十六岁那年，“圣米歇尔3号”再次出海，完成了环地中海的壮游，赫泽尔等一众老友都在船上，简直跟之前的“十一单身汉”俱乐部差不多。

整整两个月，他们在海上游荡，中途转乘火车去罗马，一路结识包括教皇、大公在内的新朋友，还在马耳他遭遇了超级风暴。当船终于从风暴中逃脱，每一根胡子都湿透的凡尔纳手挽粗粗的缆绳，望着甲板上七歪八倒的亲朋，不禁仰天大笑——老夫聊发少年狂，人生至此，已了无遗憾。

第二年，他便卖掉了船。

又过了一年，赫泽尔去世，黄金搭档被迫散伙。凡尔纳最好、最著名的作品——《地心游记》《海底两万里》《八十天环游地球》《从地球到月球》——都是由赫泽尔编辑出版的，全部归在“奇妙旅行”系列当中。现在，再没人管着他，再也听不到什么“毒舌”点评了，凡尔纳之后的作品肉眼可见地放飞了、阴暗了。可是，摆脱了“束缚”的凡尔纳，无论何时，想起自己的老编辑，都还会凝神片刻，长叹一声，仿佛又听到了地中海上风暴的咆哮。

Chapter 6

和凡尔纳一起上天入海

现在，就让我们一起看看上一章中提到的凡尔纳这几部最精彩、最著名的作品，先从被迫更改了主人公身世背景的《海底两万里》说起吧。

首先需要说明的是，书名中的“里”是欧洲一个古老的、如今已不再使用的长度单位“里格”。一里格约等于四千米，那么顾名思义，就是主人公在海底旅行了约八万千米，大约是地球周长的两倍。

故事发生在1866年，来自不同国家的船只都在寻找一只奇怪的、经常袭击人类的海底怪兽。来自法国的博物学家阿龙纳斯、他的仆人康塞尔以及加拿大的鱼叉高手尼德·兰，接受了美国政府的邀请，从纽约出发去追捕怪兽。他们在太平洋上搜索了五个月，一直搜到日本附近的海域，才终于发现了怪兽的踪迹，结果刚一较量，就被怪兽把船舵给击碎了。

三位冒险家被甩进大洋中，没办法，只好拼命抱住怪兽的身体，结果……大家都猜到了吧，这哪是什么怪兽啊，这是一艘怪船！其船长，就是有着神秘而悲惨过往的尼莫，他驾驶怪船“鹦鹉螺”号常年生活在海中，主要目的一是科学考察，二是报复陆地人类！

既然被外人发现了自己神秘的行踪，“心地善良”的尼莫船长便做出决定：不让这三个人走了，就留在“鹦鹉螺”号陪伴自己。

于是无论想不想走，三位都只好留下，与尼莫船长一同逍遥两万里，行遍五大洋。这一路，他们的遭遇非常奇特，比如：

看到了形成中的珊瑚、藏满宝藏的沉船、高大绵延的冰墙，还有大西洋海底电缆；邂逅了传说中于一昼一夜沉入海底的古国亚特兰蒂斯；与各式各样的海底生物玩耍或搏斗，其中最激烈的当属一大群巨型章鱼，一位不幸的水手被吸了过去——“谁能从这强大的卷抱中把他夺过来呢？尼莫船长跳到章鱼身上，又一斧子，把章鱼的另一只胳膊砍下来了。他的副手奋勇狂怒地跟那些爬在‘鹦鹉螺’号两边的其他章鱼战斗。船员们各自挥动斧头乱砍。”激烈的搏斗，导致甲板上掉满了恐怖的、蠕动的章鱼手臂，可最终，那位水手还是没能救回来。

一百多年来，读者们与尼莫船长一起，在真实与

虚幻的海域冒险，一颗心始终如巨浪中的“鹦鹉螺”号一般七上八下。作者小时候也深深为尼莫船长着迷，印象尤为深刻的是他价值连城的收藏（包括许多大师名画哦）和船上一顿顿丰盛的大餐，比如下文：

> 教授，您以为这是牛肉吗？其实它不过是海鳖的里脊。这盘是海豚的肝，您或者要以为是炖猪肉。我的厨师是一位很精干的炊事员，他善于保藏海中各种不同的产物。请尝一尝这些菜。这是一盘罐头海参，马来亚人说这是世界上美味无比的食物。这是奶油糕，所用的奶是从鲸类的奶头上挤出来的，糖是从北极海中的一种大海藻里提炼出来的。最后我请您尝这秋牡丹的果子酱，它的味道并不亚于最甜蜜的果子酱。

凡尔纳为我们详细描述了关于“鹦鹉螺”号的一切，它的外观（双层船壳，七十米长，圆筒形，两端呈锥状）、它的构造（包括各式各样的仪器）、它的功能（接近无限的潜航能力）以及动力来源（海底发电）。作为后辈读者，其实一看就知道，这不活脱脱一潜水艇吗?

是的，潜水艇!

凡尔纳在写这本书的时候，潜水艇技术可以说刚刚萌芽：在1867年的巴黎世博会上，凡尔纳看到了法国海军工程师们设计的“潜水员”号。该艇由压缩空气提供动力，之前在河里进行过好几次实验，是第一艘实际下水实验过的潜水艇。它最成功的一次下潜到水下九米，但几乎每次都要撞上码头或者突发“半身不遂”。

然而，站在这么个“半身不遂”的模型面前，凡尔纳的脑袋上方冒出了无数五颜六色的想象的气泡，他看到了这前途未卜的小小发明在几十年后所能够拥有的壮丽的未来。他书中描写的一切功能，后世的潜水艇都一一实现了。1954年，世界上第一艘可实际操作的核动力潜艇就被命名为“鹦鹉螺”号，它与小说里同名的潜水艇一样，的确拥有了接近无限的潜航能力，的确航行了两万里格，也的确越过了北极。

小说最后，“鹦鹉螺”号连同尼莫船长，被卷入北冰洋大风暴可怕的旋涡之中，不知所踪。

对于这样开放式的结局，赫泽尔可想而知是不太满意的，于是在他的催促下，凡尔纳又写了《神秘岛》，一部鲁滨孙风格十足的作品。在这部作品中，尼莫船长安然无恙地从旋涡中脱了险！所谓的神秘岛，就是他停靠“鹦鹉螺”号的地方。这一回，尼莫船长透露自己其实是个印度王子（赫泽尔觉得异域感十足的印度在当时比较时髦），在救了一堆人之后，才安然沉入水中死去，“鹦鹉螺”号就是他的棺冢。

这次尼莫船长是真的死了——凡尔纳忍无可忍，再也不想顺着赫泽尔了。

由于《神秘岛》中还出现了凡尔纳另一部作品《格兰特船长的儿女》中的人物，所以人们把《格兰特船长的儿女》《海底两万里》和《神秘岛》统称为“凡尔纳三部曲”。

尼莫船长这个人物形象非常打动读者的心。他身兼波兰科学家、印度王子、反贩奴斗士几重身份。想想看，一个英俊、勇敢、博学、富有、自我放逐于无边海洋的人，因为悲惨的过往而满怀仇恨，但同时又不乏对人类的深情，和他孤单的过往一样让人流泪。当你放眼远眺的时候，是否会想到，海底那寂寂不见天日的身影……

1992年，当加拿大的测量工程师卢卡泰拉通过地理定位程序确定了地球上距离陆地最远的地点时，他用船长的名字给这个概念上的点命名：尼莫点。尼莫点（48°52.6′S，123°23.6′W）位于南太平洋，与地球上任何大陆的距离都超过2600千米，周围没有任何岛屿，因此也被称为海洋远极。事实上，距离尼莫点最近的有人类出没的地方，是400千米高空中的空间站……这真是地球上最空旷、最寂寞的地方，超过南北极，想象一下置身于这个点上的情景吧，语言无法描述的苍茫。

又过了十一年，迪士尼的经典动画《海底总动员》中，那只橙色条纹的小丑鱼也被命名为尼莫——它同样也是沧海中一个勇敢的身影。

海底还不算远，让我们继续往下，往下，一直钻到地球的深处吧——你觉得地球内部是什么样子的？像一层层的蛋白和蛋黄？充满炽热滚动的岩浆？

事实上，直到21世纪的今天，科学家们对于地球内部的了解仍然十分有限。

然而，凡尔纳在他的《地心游记》里，为我们描述了一个奇丽的地下世界：德国地质学家李登布洛克教授在冰岛炼金术士一封古老密码信的指引下，与侄子和当地导游一起，从冰岛的一座火山下到地底。通过熔岩的通道，他们看到地底巨大的海洋、海岸边巨型的植物、海底第二纪的古生物，甚至古人类的骸骨……最终，因为用炸药炸开通道，激烈的震动引起火山爆发，就像地球放了个屁一样，他们被气流喷出，回到地面——意大利南部。

在现代人类在地表生活之前，曾经有古老的人类在地心生活，甚至有其他生物依然在那里生活，双方生活在地球上不同的空间，相互不知对方的存在，这想法真让人兴奋不已！

有趣的是，最近的科学研究表明，我们的脚下真的有一个“地下海”！当然啦，地下海里的“水”并非大家熟悉的液态水，它们被“禁锢”在上下层地幔之间的过渡带里，深度足有410~660千米。谁知道呢？或许有一天，我们真的可以从火山口钻进去，去看看地底的“海洋”。

番外篇·地下海与地下文明

人类对于地底的生物和文明实在太感兴趣了！光在我们这本书里，就有凡尔纳的《地心游记》和威尔斯的《时间机器》涉及这个主题，爱伦·坡也在他唯一的长篇小说《亚瑟·戈登·皮姆的故事》里暗示：南北极之间有中空的管道相连。事实上，有数不清的科幻小说作者都幻想过地下世界。比如以下这些我们熟悉的创作中都提到了地下生物与它们的生活：

路易斯·卡罗尔的《爱丽丝梦游仙境》，爱丽丝是沿着兔子洞往下掉的，其实这本书原来的名字是“爱丽丝漫游地下”。

在托尔金的中土世界，乌图姆诺和安格班要塞都在地底深处，山脉之下是兽人、怪物、黑魔王的家园。此外，矮人一族也都是生活在地下的。

在刘易斯的“纳尼亚传奇”系列的《银椅》中，幽深的地下王国盘踞着邪恶的蛇精，她觊觎纳尼亚的国土，还用魔法控制了王子。

哆啦A梦去过地底，神秘博士也去过不止一次，在许许多多的动画片中，地底生活着龙（比如《驯龙高手》），或者恐龙（比如《冰川时代》）……

人类实在太好奇也太孤独了，除了望向地球之外的太空寻找能够交流的智慧生物，他们也想到了地球本身：这么大一颗球，人类只住在地球表面，那地球里面呢？会不会也有生物与文明呢？

正因如此，自古以来就有这样的传说：古希腊神话中的巨人因为违背宙斯的旨意而被埋在地下，他们一扭动就造成地震。在美洲印第安人的传说中，人类最初也是生活在地下的。到近现代甚至有人提出UFO并不是外星人的飞船，而是地底生物进出地表的交通工具。

如果确有地下世界，它的入口在哪里呢？对此人们也提出过许多假设，提到最多的是南北极。此外，巨大的地底洞穴、神秘的建筑（比如英国巨石阵）都曾被认为是可能的入口，还有人说地下世界的入口存在于地球的四维空间，随着电磁场的变动，这些入口偶尔会被看到……

当然啦，所有这些都没有科学上的“实锤”，而是人类美好想象的折射。不过，有一点是有科学依据的：相比地球的体积，地球的质量并不大，这就意味着地球内部可能的确有空洞。真相到底如何？其中的奥秘正等待你们去发现。

这章写到这里，我们一直在往下，到海洋深处，到地球内部……那么往上呢？往上将会怎样？

往上啊，有《从地球到月球》。

如果说尼莫船长的“鹦鹉螺”号还是有“潜水员”这样实际存在的发明作为参照的话，那么《从地球到月球》就完全没有了。顾名思义，《从地球到月球》说的是登月的故事。在它出版的1865年，别说飞船了，连飞机都没有，可凡尔纳愣是让三位主人公乘坐一枚空心炮弹，被大炮发射了出去，飞往月球！

你别说，这虽然是个炮弹，但住里面还挺自在。
可不是，就是发射的声音太大了，震得我耳朵疼。
下个震得耳朵疼的时候，可能就是着陆了——如果我们不是坠毁的话。

闭上你的乌鸦嘴！

故事到发射成功就打住了，宇航员们到底有没有顺利着陆呢？关心他们命运的读者们焦虑极了！

于是，凡尔纳在四年后写了续集《环绕月球》：原来，装着三位宇航员的炮弹在途中遇到在太空游荡的火流星。火流星的引力使炮弹偏离了轨道，最终没能到达月球。在仔细观测月球面貌并做了科学笔记之后，炮弹载着宇航员们飞往月球和地球引力相等的死寂点的另一边，向地球降落，最后坠入太平洋。宇航员们被一艘军舰救起，全都安然无恙。

如今我们看《从地球到月球》，可能首先想到的是：人怎么可能被炮弹送上月球呢？可是在一百五十多年前，这就是最具科学依据的奇思妙想了，别忘了本书开头的古代作者，可是随便安排了一阵风就把笔下的人物送上月球了呢。事实上，依靠巨大的推进力脱离地球引力进入太空正是航天飞行器最基本的原理。就在小说出版五年后，英国的《帕尔默尔报》使用了“宇宙飞船”（spaceship）一词来称呼凡尔纳的炮弹发射体系“哥伦比亚”号，这个新词汇首次出现在人类历史上，并且早于实际物件的发明。要知道，从前，人类总是先看到某物件，再给它起名字；可自打有了科幻小说，人们的想象先于实际的发明，于是想象物先获得了名字，然后才出现了创造物。

在这两本月球旅行的小说里，凡尔纳写到宇航服，写到“宇宙飞船”中的大餐，甚至提出了这样的问题：“会不会有一天，我们能够获得由电或者光提供动力的、比这还要大得多的速度？”

作为未来的读者，我们很高兴回答这个问题：是的，凡尔纳先生，我们会用到电，也会用太阳光为太阳帆提供动力，让人类的宇宙飞船和太空站长时间地翱翔在浩瀚的宇宙中。

看过本系列《阿姆斯特朗与太空探险》一书的读者们已经知道，首次完成登月任务的“阿波罗11号”，其宇航员在返程途中的电视广播上致敬了凡尔纳的《从地球到月球》。不仅如此，对比“阿波罗11号”，人们惊讶地发现，凡尔纳的部分描写简直精准到了令人难以置信的地步！比如：

项目	《从地球到月球》	“阿波罗11号”
宇航员人数	3	3
航速	36000英尺/秒	35533英尺/秒
航时	97小时13分20秒	102小时45分40秒
飞船坠落地点	太平洋中，仅相差十几千米	
飞船发射地点	同为佛罗里达的卡纳维拉尔角	

甚至，凡尔纳的大炮发射系统叫“哥伦比亚”，而“阿波罗11号”的指令/服务舱也叫“哥伦比亚”！又过了十二年，美国第一架正式服役的航天飞机也叫“哥伦比亚”号。众所周知，2003年，它在执行任务时高空解体坠毁，机上七名宇航员全部遇难。

还是那个问题：亲爱的凡尔纳先生，一百多年后“阿波罗11号”登月之时，你难道真的没有在佛罗里达的发射现场或电视机前围观吗？

在电影《回到未来》三部曲的最后一部中，制造了时光机的布朗博士回到1885年，遇到生活在那个时代的克拉拉。克拉拉问布朗博士：“你说，会有这么一天吗？人类像乘火车旅行一样去月球旅行？”来自未来的布朗很清楚，第一次登月再过84年才会发生，可是他回答“会的，会有这么一天的”，然后随口背诵了一段《从地球到月球》中的段落。克拉拉不禁惊呼起来——原来，她也是凡尔纳的粉丝！

后来两人结了婚，生了两个孩子，分别叫儒勒·布朗和凡尔纳·布朗……

凡尔纳化身月老，用他的作品在两位年纪相差一百来岁的读者之间牵了一根浪漫的红线。

接下来，回到地面，我们就要跟着凡尔纳去环游地球啰！

Chapter 7

在亚眠

上节介绍的作品都是凡尔纳在巴黎完成的。普法战争结束后，1871年的夏天，不知是不是受够了大城市的一惊一乍，凡尔纳一家决定搬到亚眠。亚眠，一座古老、安静、文化氛围浓郁的小城，那里有一座曾经是全世界最高的教堂，距离巴黎也不算特别远（115千米），当然最重要的是，它是凡尔纳夫人的家乡——伴郎的事大家还记得吧?

顺便说一句，同一年的秋天，律师爸爸皮埃尔在南特去世。

如果是为了避开下一场可能的战争而搬家，那凡尔纳可就多虑啦！因为从这时起，法国进入到后人所津津乐道的“美好年代”！不仅法国，整个欧洲都相对和平：法国政权不再频繁改头换面，从此共和，这一点我们已经提到过；德国由在普法战争中获胜的普鲁士国王威廉一世完成了统一，小王国遍地开花的情景不再，德国大踏步往欧洲强国迈进；英国则处于维多利亚女王统治的后期，仍然是日不落的世界第一帝国。直到第一次世界大战开打，才无情地终结了繁花似锦的“美好年代”——不过那已经不关凡尔纳的事了。

积极、乐观的情绪在空气中弥漫，城市进一步发展，国际交流进一步增多，科学技术继续突飞猛进，科幻作家们的天地愈发广阔，凡尔纳脑子里的创意一个接着一个！

这不，刚收拾好屋子安顿下来，凡尔纳立刻摊开纸笔，开始写下一本小说（有合同在，可不是闹着玩儿的）。这一回，他在故事里安排一位富有的英国绅士福格在俱乐部与人打赌，赌注两万英镑（相当于现在的两百多万），赌能不能在八十天内环绕地球一圈！

对，就是《八十天环游地球》！

1872年10月2日星期三，福格带着他的法国男仆路路通从伦敦出发，开始了环游世界的大冒险。一路不断遭遇的困难、挫折就不提了，关键还有个侦探费克斯跟在他们身后时时掣肘，因为侦探发现福格的外貌特征与警察厅调查出来的某大盗一模一样！

当然，最后主人公是一定会化险为夷的！侦探抓到了真正的大盗，福格主仆在虚惊一场后打赢了这个赌，赢得了两万英镑（不过沿途开销高达一万九千英镑）。单身汉福格本人还收获了爱情，与在印度救下的、参与了后半部分旅程的、美丽温柔的艾娥达夫人结为夫妻！

福格这个人是继尼莫船长之后凡尔纳塑造的又一个特别鲜活的形象。与尼莫船长带给大家的凄凉感不同，福格是个"闷骚"的英国绅士，长相英俊（"有人说他像拜伦，就是头像，脚不像"），乍看面无表情，难以接近，还有些小小的怪癖，主要是数字强迫症。比如他特别守时，早一秒晚一秒都不行；前一位仆人被辞退，仅仅是因为他本该给主人送来华氏86°的热水剃胡子，实际送来的却只有华氏84°！但旅行是最能看出一个人的真正品质的，尤其是困难重重的旅行。读者们一定会与艾娥达夫人一样，渐渐看出福格的镇定自若、慷慨大方、机智勇敢、善良细心，从而喜欢上他！

福格的三观非常正。在香港，主仆俩误入一家鸦片馆："福格和路路通现在才知道他们是进了一家专做这些无赖汉、白痴、荒唐鬼、糊涂虫生意的大烟馆。这个死要钱的大英帝国每年要卖给这些人价值两亿六千万法郎的这种害死人的所谓'鸦片'药膏！利用人类最悲惨的恶习赚来的这笔钱是多么污秽啊！"如此严肃的控诉，真是让人快意！

因为福格话不多，所以路路通被塑造成了一个圆脑袋胖脸的有趣话痨。这对主仆可真是相得益彰了。

福格之所以敢在俱乐部和人打赌，或者说凡尔纳敢设计这样一场赌局，主要是因为就在此前一两年间，世界交通实现了三个里程碑式的突破：

1869年，第一条横贯北美大陆的铁路通车。这就是大家熟悉的太平洋铁路，其中凝结着无数华工的泪水与血汗。

1870年，印度各分段铁路连接成功，人们可以坐火车穿越南亚次大陆了。（还记得本系列《图灵与超级计算机》中提到的吗？图灵的外公就是印度其中一条大动脉火车线的首席工程师。）

1869年，苏伊士运河开通。自此，从欧洲前往亚洲再也不需要绕过整个非洲了！

正因如此，对数字极其敏感的福格设计了以下这条以火车和轮船为主要交通工具的路线，实际经过各个路段所用的时间虽与计划稍有出入，但大体没差。

伦敦→苏伊士	火车至意大利布林迪西，轮船穿过地中海	七天
苏伊士→孟买	轮船穿过红海和印度洋	十三天
孟买→加尔各答	火车	三天

加尔各答→香港（中途停靠新加坡）	轮船穿过中国南海	十三天
香港→横滨	轮船穿过中国南海和东海，进入太平洋	六天
横滨→旧金山	轮船穿过太平洋	二十二天
旧金山→纽约	火车	七天
纽约→伦敦	轮船穿过大西洋，从利物浦坐火车回伦敦	九天
共计		八十天

有的读者在看过行程表之后可能会不屑一顾：“从伦敦到苏伊士居然要七天？现在大约只要几个小时吧！事实上，如果航班安排合适，按照这条线路环游整个世界完全可以在三天内搞定！”

你说得有道理！本质上，你提出了这样一个问题：当一本科幻小说在技术上不再领先时，它还有意义吗？

确实，与其他作品中的精准“预言”不同，凡尔纳在《八十天环游地球》里并没有提出什么超前的幻想，

运用的也都是现有的、平凡无奇的交通工具。然而无论在当时还是现在，它都是凡尔纳最受欢迎的作品之一。想想看，技术真的是最重要的吗？无缝衔接的航班高高在上地飞过地球一圈，与福格那种沉浸式的、有挑战性的环游，哪一个更让人热血沸腾？

当然是后者！因为最让人激动的并不是技术本身，而是它带给我们的往更高更远处进发，探索未知，探索无限，在这个过程中更好地认识世界、认识他人、认识自我，以及哪怕一败涂地也在所不惜的动力与勇气！

这才是凡尔纳“奇妙旅行”系列的精神内核，也是“美好年代”的精神内核。

正因如此，福格的旅行吸引了广泛的关注！在书里，凡尔纳写道：不仅全伦敦乃至全英联邦的人都在讨论、争辩，连福格这个名字都像赛马一样被印在赌博手册上，伦敦交易所还出现了“福格股票”，人们根据行情买进卖出，十分火热！

那么现实生活中呢？哈哈，就更有趣了！大家看，福格和路路通是1872年10月2日从伦敦出发的，几乎与此同时，小说开始在赫泽尔的杂志上连载——天呐！许多读者一开始都认为，这就是一场真实的、正在进行中的旅行！凡尔纳就是在现场直播！

这下子，现实生活中的人们也开始押注打赌，赌福格能不能按时到达终点。你们猜最热心的是谁？是铁路和轮船公司！他们偷偷想办法联系到凡尔纳，悄悄对他说：“让福格乘坐我们公司的轮船吧，我们提供头等舱，免费！要是福格能顺便赞扬一句轮船的迅速便捷就更好了！拜托了，亲爱的凡尔纳先生……至少，别让福格乘坐对手公司的轮船！”

凡尔纳，19世纪欧洲的“带货王”。

当然，直到八十天后的12月21日，人们并没有在伦敦等到环游地球归来的福格和路路通，才最终相信这并不是一场实时直播。

到了1873年书籍出版之后就更有意思了。旁观已经不够刺激了，大家开始摩拳擦掌，亲自下场尝试了！

第一位尝试者是名叫娜丽·布莱的美国记者。娜丽的一生，同样充满“美好时代”的生机与无畏，精彩纷呈。她开创了“隐秘采访”的先河——什么是隐秘采访呢？简单来说就是卧底呀。为了写关于一所精神病院的翔实报道，娜丽以病人身份住进这所精神病院，暴露在可怕的环境中观察、采访，最终完成了深度报道《疯人院十日》，揭露了大量正常女性被迫进入精神病院的黑幕，以及病人所受到的或粗暴或冷漠的对待。后来她经营过一段时间的公司，又重返新闻界，报道妇女争取选举权的斗争。“一战”开始后，她还前往欧洲东线报道战况。

而我们这里要说的是1889年11月14日，娜丽按照福格的线路开始环游地球，只不过她是从美国纽约出发的。她只提了一个装洗漱用品和换洗衣物的小手提箱，一路往东，于1890年1月25日回到纽约，环绕了地球一圈，耗时72天6小时11分14秒，这是当时最快的世界纪录。此时距离《八十天环游地球》出版，已经过去了十六年。同时，娜丽也成为第一位独自完成环球旅行的女性，最后写成的《七十二天环游地球》也是那一年的畅销书！

在环游世界的旅途中，福格经过的每一个地方娜丽都去了：伦敦、横滨、香港、孟买、布林迪西、旧金山……不仅如此，途经法国时，她还稍稍绕了一下路，

拐到亚眠见了凡尔纳。

你看，有趣的灵魂总会吸引、激发有趣的灵魂；有趣的灵魂一多，便会聚成有趣的时代。

不过呢，娜丽创造的世界纪录几个月之后就被打破了，因为有趣的灵魂扎堆加入了挑战：

1903年，环游地球的世界纪录缩短到五十四天。

1928年，凡尔纳诞辰一百周年之际，一位十五岁的丹麦童子军少年全程用火车轮船完成了环球旅行，只不过他去的是西伯利亚而没有去印度，因此只用了四十四天。

请注意，不一定总是比快！1984年，著名的维多利亚与阿尔伯特博物馆的董事长完全效仿福格环绕地球，耗时七十八天，虽不“最快”，但是“最像”。

1993年，“凡尔纳杯”创立，奖励给不借助外力，不靠岸添加补给，以最快速度环游地球一圈的船只，目前奖杯拥有者的纪录是四十二天。

2017年，一位英国自行车手从巴黎出发，最终以七十八天十四小时的纪录骑自行车环游了整个地球！

这个清单不会有结束的一天。距离《八十天环游地球》出版已经快一百五十年了，可那种精神不会老去，永远激励着人类往前走，或许有一天，八十天环游太阳系甚至银河系都将成为可能。

就这样，凡尔纳在亚眠生活、写作，偶尔出海，日子平静快乐，只除了一个意外：就在老搭档赫泽尔去世那年，凡尔纳外出归来，在打开自家院子的大铁门的瞬间，一个人影突然横蹿出来，手中拿枪，一言不发，冲着凡尔纳“啪啪”连射两枪，第一枪打歪了，可第二枪正中凡尔纳左腿……

原来这是凡尔纳二十六岁的亲侄子加斯顿！大家这才发现加斯顿的精神出了大问题，只好把他送到精神病院，以免他到处开枪。

只是凡尔纳从此走起路来就像鸭子一样蹒跚了。

因为腿脚不便，凡尔纳安静坐着的时间增多，不知不觉听到更多家长里短的八卦，这让他把眼光从星辰大海撤了回来，开始关心小城生活了。于是他积极参选，成为亚眠市议会的一名议员，为各类民生问题发声，尤其是与教育、文化相关的问题。

在当了十六年热心议员之后，糖尿病损害了凡尔纳的视力并让他日渐虚弱。1905年，凡尔纳在亚眠的家中去世。

他踏上了另一段通往未知的奇妙旅行。

Chapter 8

科幻小说之父

作为科幻小说作家，很自然，凡尔纳对于后辈们的影响，既在文学界，也在科学界，还在冒险界。

文学界的话，只举两个小例子吧，两位都是我非常喜欢的作者哟。

一位是《小王子》的作者圣・埃克苏佩里，他也是个阅读凡尔纳的作品长大的法国男孩——别忘了，他的本职工作是飞行员！他从小怀揣着与凡尔纳笔下主人公一样的翱翔蓝天的梦想，长大后也与故事的主人公一

圣・埃克苏佩里

样，遭遇了诸多危险，包括坠落在撒哈拉大沙漠。可惜最后他没能像主人公一样化险为夷，在“二战”中执行空中侦察任务时遇难，成为法兰西的英雄……

不止自己飞，圣·埃克苏佩里还让自己笔下的人物飞得更远：来自外星的小王子，从一颗星球飞到另一颗星球，最终飞到了地球。

另一位则是“丁丁历险记”系列的作者埃尔热。哇，说法语的、阅读凡尔纳的作品长大的比利时男孩！他不仅会编故事，更会画画哦，他让小记者丁丁和他的朋友们——小狗白雪、阿道克船长、卡尔库鲁斯教授一道，与凡尔纳笔下的主人公一样，环游世界，一路冒险！

画家埃尔热肖像

眼尖的读者们会发现，“丁丁历险记”系列中有不少人物，好像根本就是从凡尔纳的作品中走出来的，比如笨拙滑稽的侦探杜邦兄弟，貌似糊涂、实则天才的卡尔库鲁斯教授。不仅如此，《独角兽的秘密》《红色拉克姆的宝藏》与《格兰特船长的儿女》《海底两万里》有不少共同点，更不用提“丁丁历险记”中有两本也是月球旅行题材的！

甚至有人说，丁丁这个形象的原型正是那位十五岁就环游地球的丹麦童子军。你别说，那神气还真挺像！

少年时看过的书，被埃尔热内化为自身的创作激情，从笔端汩汩流出，成为受到全世界大小读者喜爱的、带有科幻性质的连环画冒险故事。这样的传承真的很让人心驰神往。

说过文学界，再来看看科学与冒险界。

远的不说，在本系列其他分册中出场的无线电通信先驱马可尼、苏联宇航员加加林、航天泰斗冯·布劳恩，都是凡尔纳作品的忠实读者。本系列《阿姆斯特朗与太空探险》一书中所有台前幕后的科研人员与宇航员，估计没有谁逃脱过凡尔纳的“魔爪”。少年们对太空的渴望一经点燃，便会一路熊熊燃烧，再不愿重归寂寥的黑暗。

凡尔纳的小说，自他还在世的时候起，就被改编成各种各样的漫画、舞台剧、广播剧、电视剧、电影……在本系列的《迪士尼与动画王国》中，我们提到过，最初的电影大师梅里爱的代表作之一《月球旅行记》正是由《从地球到月球》改编的，那时，电影才刚刚诞生呢。

一百多年来，从船只到小行星，数不清的事物被冠以凡尔纳的名字；数不清的粉丝自称“凡尔纳人”，进行着秘密的科学研究。凡尔纳在法国南特和亚眠的故居都变成了凡尔纳博物馆。特别有趣的是南特，人们在一个船坞的旧址上建立了一座蒸汽朋克风格的游乐园——机器岛。走进它就像走进了凡尔纳的小说，里边全是巨大的机械装置：二十五米高的三层海洋转盘，每层都有《海底两万里》中出现的海洋生物，大家终于可以到喷着蒸汽的机械大章鱼、大水母嘴里坐一坐了；重达四十八吨的机械大象，一次能驮五十个人，摇摇摆摆地从游乐园一头走到另一头，这个灵感显然来自凡尔纳1880年出版的《蒸汽房屋》，那里面的英国殖民者正是坐在由蒸汽大象驮着的房屋里行走印度的……

凡尔纳还在世的时候参加过许多团体，学术的（比如地理协会）、娱乐的（比如游艇俱乐部）都有，也得到过许多荣誉（比如法国荣誉军团的骑士勋章）。可有那么一个团体，他翘首企足地想要加入，却始终没成功；有那么一份荣誉，他望眼欲穿地想要得到，却次次与它失之交臂……

那个团体就是法兰西学术院，那份荣誉就是成为法兰西学术院的院士。

法兰西学术院不同于英国皇家学会，它的成员不局限于科学家，而是囊括各个学术领域最杰出、最值得尊敬的学者，例如前文提到的巴斯德。此外，也有个别非学者成员，比如英武的军人。同时，它不招外国人。它在路易十三时代就建立了，肩负着编纂字典的重任，也就是说，法语的字词含义、语法规范，都是由学术院的专家们规定的。这些规定有时候并没有什么道理可言，比如法语中的阴阳性，“墙”是阴性，“窗户”和“门”也是阴性，但“天花板”和“地板”就是阳性。

学术院的院士名额一共只有四十个，终身制，也就是说去世一位才会再补一位。学术院里放了四十把美丽的椅子，一人一把，哪天椅子空出来了，大家就开会讨论谁有资格坐上去。

本系列中出场的许多法国大师都坐过那把椅子，其中不少离开椅子之后就被直接送进了先贤祠，比如大家熟悉的老朋友孟德斯鸠和伏尔泰，凡尔纳的偶像雨果当然也是。后来，与凡尔纳一起趴地板上改剧本的朋友小仲马也坐上了那把椅子，不过小仲马没被葬在先贤祠，他爸爸大仲马葬在了那里。

总之，法兰西学术院是象征着法兰西才华与智慧的一个机构，凡尔纳眼巴巴的，非常想进。老搭档赫泽尔当然也非常希望他能入选，一直在旁边给他鼓动打气。于是，从1876年第一次申请，到1892年第四次也是最后一次申请，十六年中，学术院的椅子足足空出来过三十多次（院士们一般年纪比较大，椅子空出来的频率还是蛮高的，比如雨果就是这期间的1885年去世的），可凡尔纳的名字从来没有进入过最后一轮名单，每次都早早就被淘汰了！

凡尔纳很伤感地说："我这辈子最大的遗憾就是从来没被学术院当作严肃的作家。"

甚至，根据凡尔纳的弟弟的说法，加斯顿——也就是弟弟的儿子——很爱伯父，他为什么要用枪射伯父呢？因为连加斯顿不太正常的脑子都感觉到了伯父的遗憾，他想"通过射击伯父来吸引大家的注意力，从而让伯父当上学术院院士"！

本来腿就痛得要命的凡尔纳一听这话，心也痛了，唉……

你说，法兰西学术院为啥如此狠心，就是不把椅子给腿脚不好的凡尔纳坐呢?

其实凡尔纳本人的回答已经很清楚了。类型化的畅销书（科幻、侦探、武侠、魔幻等）很少被当作严肃文学来对待。学术院认为，坐上椅子的作家应当是深沉的、眉头紧锁的、时时眼含热泪的，而不是凡尔纳那样，笔下人物整天不务正业满世界乱窜，像有使不完的劲儿，有些甚至傻乎乎的。

与凡尔纳竞争椅子的个别选手，大家可能连名字都没听说过，更不知道他们有什么作品，可他们最终还是凭着“苦大仇深”胜出了。有一回，凡尔纳的竞争对手是都德和阿布。都德大家也都熟的，是《最后一课》《柏林之围》的作者，结果他和凡尔纳都输给了阿布。后来都德写了《不朽者》来讽刺法兰西学术院。

这样的选择标准公平吗？法兰西学术院的一大重要使命是弘扬法语（所以才编字典什么的），那么难道不是世界闻名、读者无数的作者才能更好地达到这个目的吗？

好啦，在此就不讨论法兰西学术院的椅子使用人标准啦，作者重点是想讨论这个“科幻小说不被当作严肃文学”的现象。

然而，有那么一位科幻小说作家，他的科幻作品不仅被认为特严肃、特深刻，他本人甚至四次被提名诺贝尔文学奖！

他就是赫伯特·乔治·威尔斯。大家都知道凡尔纳是“科幻小说之父”，但其实除了他，还有一位作家也享有这个崇高的称呼，那就是威尔斯。

乖，我是你爹。
乖，我才是你爹。
我真难。

威尔斯是英国人，他的出生与去世年份都比凡尔纳晚大致四十年，也就是说，他生活的时代比凡尔纳晚了约四十年，他本人经历了“一战”和“二战”。

说到家庭情况，威尔斯与凡尔纳很不相同。他出生于肯特郡一个几乎可以算是贫寒的家庭：爸爸是职业板球手（那时的职业运动员和现在的NBA职业球员完全不是一回事），还开了一家生意不太好的小五金店。原本两份工作加一块儿，日子过得还凑合，结果有一回比赛中，爸爸不幸腿部肌肉撕裂，不得不告别运动员生涯。他的妈妈也一直在工作，在大户人家当女佣，并且因为这个原因不得不长期住在大户人家里，与其他家庭成员是分离的。

在这种情况下，威尔斯的少年时代就是由一份又一份的学徒工作组成的。他干过许多工作，时间最长的是在一家布料店，每天工作十三个小时，晚上所有学徒挤在一间宿舍里睡觉。

直到后来，威尔斯先在一所中学争取到了学生/教师的位置——就是在高年级读书的同时教低年级的孩子。后来，他又获得了伦敦科学师范学院（现在帝国理工学院的一部分）每周一基尼的奖学金，这才告别学徒生涯，开始专心念书。大学里他念的是生物，是个标准的理科生，而且——猜猜他的导师是谁？

是在《达尔文与生命密码》中提到的赫胥黎！

小知识
赫胥黎

托马斯·亨利·赫胥黎被称为“达尔文的斗牛犬”。他是位生物学家，与达尔文有相似的经历，也是在大学毕业后担任海军“响尾蛇”号的驻舰外科医生，前往南半球。他在“响尾蛇”号上埋头研究海洋无脊椎动物，把研究成果寄回英国，发表了第一篇论文。他把一些具有相同特征的海洋生物归为一类，这就是现在被称为“刺胞动物门”的类别，这个类别下的动物有我们熟悉并喜爱的水母、海葵、珊瑚等。从南半球回到英国后，赫胥黎就入选了本系列多次提到的英国皇家学会，后来还获得了皇家学会的科普利奖章。虽然他并不完全认同达尔文的许多看法，但是因为坚决捍卫达尔文的生物演化观点并且积极发言，所以落下了“达尔文的斗牛犬”这么个外号。

科学家当然也有犯错的时候，比如赫胥黎曾经郑重宣布海洋资源太丰富了，根本不会枯竭，他因此呼吁政府：放宽限制，让渔民们尽情捕捞鳕鱼。他可能是因为不看科幻小说，没有料到以后捕鱼技术发展得那么迅速，结果大西洋的鳕鱼都濒临灭绝了，政府才急急忙忙去补救……

关于学习，赫胥黎曾说："试着去掌握一切东西的一点点，以及一点东西的一切。"（Try to learn something about everything and everything about something.）

或许正因为赫胥黎这样的"又广又专"的学习理念，赫胥黎家族学术大牛辈出，举几个例子：

托马斯·赫胥黎的孙子朱利安·赫胥黎爵士是生物学家、作家，他担任了联合国教科文组织的首任主席，并且创办了世界自然基金会。

朱利安的弟弟（同父同母）奥尔德斯·赫胥黎是著名作家，代表作是大名鼎鼎的《美丽新世界》。奥尔德斯在伊顿公学教过法语，虽然只有短短一年，但他的学生里也有一位后来成为了不起的大作家，就是《动物农场》《1984》的作者乔治·奥威尔。

朱利安的另一个弟弟（同父异母）安德鲁·赫胥黎是生理学家，于1963年获得诺贝尔生理学或医学奖。

八岁那年，小威尔斯遭遇过一次腿骨折，数月间只能卧床休养。那时没有手机可玩，爸爸只好每天都从图书馆借一摞书回来给儿子看。这些书籍为小威尔斯打开

了通往其他世界的大门。从此，即使是在当学徒的艰难岁月里，他也见缝插针地读书，不仅如此，写作的念头也早早就萌芽了。

因此，一完成学业开始工作，威尔斯就开始海量地写作，一直写到生命最后一刻。他的作品五花八门，虚构类、非虚构类、政治评论、历史大部头……可影响最大的还得属科幻小说，其中最著名的几部是：《时间机器》《莫洛博士岛》《隐身人》《星际战争》。

Chapter 9

软硬兼施

从威尔斯几部代表作的名称就可以看出，几十年过去，他所描写的技术比凡尔纳作品里的已经“先进”了许多。比如《时间机器》，虽然时间旅行的概念并不是威尔斯提出的，但“时间机器”这个词是他首创的哦。从此以后，科学怪人们但凡想回到过去、前往未来，无论是像哆啦A梦一样钻抽屉，还是像布朗博士一样改装飞天跑车，只要先设计一款“时间机器”就好了。

威尔斯的“时间机器”就是放在桌上的一个简单设备，却让故事的主人公——没有姓名的“时间旅行者”——一下子跑到公元802701年去了。哟，胆子可真大，竟敢把时钟调快这么多！

展现在时间旅行者眼前的是一幅诡异的场景：人类已经分化成两个种族：爱洛伊人和莫洛克人。

爱洛伊人长得精致美丽，生活在地球表面，但已经失去了劳动能力，整天不劳而获。莫洛克人呢，生活在潮湿阴暗的地下，面目狰狞，终日劳动。莫洛克人虽然养肥了懒乎乎的爱洛伊人，但一到晚上他们就会从地下出来捕食爱洛伊人哦。

刚到没多久，可恶的莫洛克人便偷走了时间机器，时空旅行者好不容易才拿回了机器。一位名叫韦娜的爱洛伊人给了时间旅行者无私的爱，可是很不幸，韦娜后来命丧大火。

时间旅行者继续他的旅行，在生命垂危之际才回到“现在”，将旅行的经历告诉朋友，因此才有了这本书。不久，他再次出发，踏上第二次时间之旅，从此再没有回来。

听完我对故事的介绍，你是不是觉得整个人都不太好了？

说起来，威尔斯的代表作，每本都会让你觉得整个人都不太好。

《莫洛博士岛》的主人公莫洛博士，曾经因为进行残忍的动物实验被伦敦学术界驱逐。他来到一座荒岛，继续进行实验。他借由外科手术改造各种动物，让它们直立和吃熟食，将它们变成兽人，还对它们进行训练。最后兽人失控，杀害了莫洛博士，一个接一个恢复了兽性。

《隐身人》的主人公是医学院的高才生格里芬，他发明了隐身药剂，成了隐形人。他把自己包裹得严严实实，去乡村旅馆投宿。村子里从此开始出现各种神秘事件，比如眼睁睁地看着金币被偷，却连窃贼的影子都看不到。最后，失去理智的隐身人被村民们打死。

还有《星际战争》，大脑袋、没有身体、嘴的周围长有两排手一样触须的火星人来到英国，想要统治地球。双方科技水平相差太大，地球人根本无法对抗火星人。火星人对地球进行了各种破坏，它们四处杀戮，把地球人看作低等动物甚至食物！结果就在火星人即将取胜时，它们感染了地球上的细菌，全部死去……

这就是科幻小说的另一位父亲。大家一定已经真切感受到了，如果给凡尔纳和威尔斯每人发一只捕虫网，让他们在科技的天地里自由玩耍，那么凡尔纳捕捉到的主要是科技带给人类的希望与欢娱，威尔斯则是科技背后一言难尽的复杂感受与可能出现的种种错乱。

因此，人们经常用“乐观”和“悲观”来分别形容凡尔纳和威尔斯。

再进一步，我们会问：威尔斯的醉翁之意，就只是科技吗？

以他最著名的《时间机器》为例，虽然在故事开头，威尔斯给大家解释，世界是包含时间在内的四维空间，既然人类可以在三维空间里运动，那么也应该可以在时间的隧道里穿行，但其实他并不是很关心“时间机器”的模样构造，他的重点是八十多万年后的那两种人。表面上看八十万年很遥远，但对比鲜明的爱洛伊人和莫洛克人，在现实生活中对应哪两类人，难道不是秃子头上的跳蚤——明摆着吗？

所以威尔斯他……唉，他可以说是另一种形式的“挂羊头卖狗肉”，他其实是在借着科幻写社会呀！他的确比凡尔纳看得更深，看到了人类在科技变化中的狂喜、痛苦、无能为力，看到了社会可能经历的分化与错乱。

之前我们提到凡尔纳的一部分精准科技“预言”，其中最令我们惊讶和钦佩的，并不是凡尔纳提出了“潜水艇”“宇宙飞船”这样的概念，而是凡尔纳的实诚——写“潜水艇”，就把“潜水艇”的详细构造、前进速度、排水量都写出来；写“宇宙飞船”，我们已经看到了，航速、航时、起飞降落的具体位置、宇航员的服装都一一安排妥当，实在是操碎了心！

而当我们提到后世真正的潜水艇、真正的宇宙飞船与凡尔纳小说之间的种种巧合时，其实并不一定仅仅是

“巧合”，而是喜爱这些作品的科学家、工程师真的有去参考凡尔纳的结构图，考察是否的确存在可以“从小说变为现实”的元素。至于他笔下的环球旅行，每一条路线、每一段耗时都切实可行，才有可能在真实生活中被完美复制。

像凡尔纳这样，追求科学的细节与推理的准确，以自然科学和技术的发展来推动情节的，被称为“硬科幻”。硬科幻会给人一种产品经理在一本正经解释产品的感觉，特别容易让人信以为真。虽然这个说法在20世纪50年代才被提出，但大家都公认一丝不苟的凡尔纳是硬科幻的鼻祖。

那与之相对的就是“软科幻”啰！软科幻的概念诞生得更晚，它更多探索的是社会学、心理学、人类学等软科学（与很“硬”的天文、物理、化学相对），并且相对来说不太注重科学上的精准或可行性。比如威尔斯，虽然作品的知识背景很硬核（时间旅行啦，星际大战啦，以及后文的核武器啦），但因为关注点主要放在社会矛盾和社会问题上，所以被许多人奉为软科幻的宗师。

文科生凡尔纳喜欢写硬科幻，理科生威尔斯却喜欢写软科幻，真有意思！

说起来，凡尔纳与威尔斯之间为什么会出现“乐观”与“悲观”的大不同呢？

首先与各自的成长环境肯定分不开的啦！凡尔纳是出生于富裕人家的小孩，听着浪漫的冒险故事长大，在参加沙龙与听歌剧的间隙念完大学。威尔斯则从小目睹妈妈被迫与家人分离去当仆人，爸爸一身伤病入不敷出，自己则当学徒苦苦挣扎，好不容易拿到奖学金上大学，可是奖学金连让他吃饱饭都不够。阶级压迫的残酷，财富分配的不公，都让他铭心刻骨，作品中的“爱洛伊人”和“莫洛克人”正是这种社会不公的反映。

再说了，威尔斯也没有一个时刻盯着他改稿的编辑啊！像威尔斯这样几乎每本书的主人公不是失踪就是死掉，拿放大镜也找不出多少“正能量”的，要是碰上赫泽尔当编辑，能给他出版吗？早退稿了！凡尔纳又不是没写过更深刻的、关注社会的故事，《20世纪的巴黎》不就是？结果怎样，大家都知道了呗。这么说来，凡尔纳评不上院士，赫泽尔有很大责任啊！

说起来，被威尔斯的作品深刻影响的读者中，不仅有文学家、科学家、工程师，还有政治家和社会活动家呢！

受其影响的科学家，我们就只谈谈在本系列《爱因斯坦与奇妙物理学》中出场的匈牙利物理学家西拉德吧。在1914年出版的《获得自由的世界》一书里，威尔斯描述了一种以铀为原料、“可以无限爆炸”的手榴弹，除了用手扔，当然也可以从飞机上投放，他称这种武器为“原子炸弹”。十八年后，英国科学家们第一次通过人工手段分裂了原子。也就是在那一年，西拉德读完了《获得自由的世界》，开始考虑通过分裂原子产生巨大能量的问题。后来的事我们都知道了，没过多久，西拉德就想到了链式反应。到达美国后，他劝说爱因斯坦给罗斯福总统写信，促成了“曼哈顿计划”。

小知识
链式反应

自然界里，有一些原子的原子核在一定条件下能分裂成两个小原子核，这两个小原子核的质量总和小于分裂前单个原子核的质量——这些质量不会凭空消失，它们会转变成巨大的能量，并被释放出来。科学家们正是应用这个原理来引爆原子弹的。

比如，科学家们用一个中子去轰击铀原子的原子核，引起铀核的分裂，分成两个小原子核后会释放出不止一个中子，这个中子继续去轰击其他铀原子核，再释放出更多中子，轰击更多原子核……这就引起了链条一般源源不断的核裂变反应，只需要很少的一点能量（一个中子）就能引爆原子弹，释放出难以想象的巨大能量！

后来西拉德说，是威尔斯向他展示了“大规模释放原子能意味着什么”——从这个意义上说，一位科幻小说大师的确改变了世界，或许有一天还将毁灭世界。

至于受威尔斯影响的政治家，最突出的就是英国首相温斯顿·丘吉尔啦！威尔斯的每本书，丘吉尔都看过两遍以上！

1902年，还是政治新人的丘吉尔与威尔斯第一次见面，之后便一直与他保持联系，直到威尔斯1946年去世。1906年，在发表政治生涯中第一次里程碑式演讲的前两天，丘吉尔在给威尔斯的信中说：“您给予我良多。”而演讲内容正是敦促政府给公民们提供包括养老金、失业和医疗保险在内的诸多福利，其中引用了威尔斯作品中的词句。成为首相后，丘吉尔用“风暴正在聚集”来形容纳粹德国的蠢蠢欲动，这句话正是来自威尔斯的《星际战争》——出现在火星人攻打英国的前夕。

番外篇·丘吉尔的趣味冷知识

＊丘吉尔是一位相当不错的画家。尽管他年过四十才开始绘画，但在此后四十八年中创作了超过五百五十幅作品（长寿的好处之一）。他曾说：“等我去天堂之后，我会把我在那儿的头一个一百万年中的大部分时间都用来画画，争取充分掌握这门技艺。”他的《查特威尔的金鱼池》在2014年卖出一百七十六万英镑的高价。

＊虽然曾经被评选为“最伟大的英国人”，被称作“大不列颠斗牛犬”，丘吉尔其实有一半美国血统（他母亲的那一半），他也是第一位获得美国荣誉公民称号的人（一共只有八人获得过这一称号，包括特蕾莎修女、在美国独立战争中发挥巨大作用的拉法耶特侯爵等）。

＊丘吉尔获得过诺贝尔奖，而且是诺贝尔文学奖（1953年，击败海明威等二十四人）！获奖评语是“由于他精通历史和传记的艺术，以及他那捍卫崇高的人的价值的光辉演说”。他的文学代表作有《马尔巴罗公爵传》《世界危机》《第二次世界大战回忆录》等——说起来，写“二战”，谁还能比他更有优势呢？

＊丘吉尔在英国政府前后任职近五十五年，经历了维多利亚、爱德华七世、乔治五世、爱德华八世、乔治六世、伊丽莎白二世共六位君主。他在1940年第一次当选首相，1945年“二战”还没完全结束就下台了，直到1951年再次当选，任职到1955年身体状况不再允许为止。

＊丘吉尔小时候可算不上好学生，他成绩一般，十分顽皮，中学毕业后考桑赫斯特皇家军事学院也是考了三次才考上，不过毕业时在130人中排名20，也算名列前茅了。此外，尽管以善于演讲著称，丘吉尔其实有轻微的语言障碍，发s和z的音很困难，为此他请教过语音专家，并经常练习“The Spanish ships I cannot see for they are not in sight”之类的句子。所以，一切皆有可能，永远不要放弃。

＊丘吉尔深入参与过的战争远远不止“二战”。1899年他担任战地记者，带着六十瓶烈酒去南非报道布尔战争，结果被抓，成为战俘，最后他是独自越狱逃出来的！

＊丘吉尔特别有事故倾向：年轻时从桥上往下跳着玩，谁知跳成了脑震荡和肾破裂；曾经差点淹死在瑞士的一个湖里；好几次从马背上摔下来；在印度有一次下船时肩膀脱臼；学开飞机时坠机；在纽约第五大道过马路时看错方向（英国车辆靠左行，美国则是右行），差点被车撞死。他一生都有轻微抑郁，雪茄不离手，但还

是顽强地活过九十岁，最后死于中风。

＊OMG（哦，我的上帝）这个现在经常使用的缩略语是1917年费舍爵士在给丘吉尔的一封信中第一次使用的。

＊丘吉尔最著名的几次演说是在1940年的几个月之内完成的，讲稿都是他亲手写的。这些演说绝对是学习英语的好材料，语言和内容都极为出色（别忘了他获得诺贝尔文学奖的一部分原因就是他精彩的演说）：《热血、辛劳、眼泪和汗水》《荣光时刻》《向议会报告敦刻尔克大撤退的奇迹》（金句："我们将在沙滩上作战。"），等等。

"威尔斯的《星际战争》是日后数以万计的有关外星人入侵故事的灵感来源。它在现代人的心灵上打上了如此深刻的烙印，以至于从此改变了人类的宇宙观。"文化历史学家们这样评论。

的确如此。作为后辈，但凡提到外星人，总感觉他/她会有个硕大的脑袋，这个印象最初正是来自《星际战争》。威尔斯的粉丝中有一些在日后成为天文学家与航空工作者，他们开始了真正的对火星的探测，并且以威尔斯的名字命名了火星上一个巨大的撞击坑。

凡尔纳和威尔斯，科幻小说的两位父亲，而且风格如此迥异，能同时读到他们的作品，对读者来说是多么幸福的事！你更喜欢谁的风格呢？

你可能想问一句：两位科幻小说之父之间有没有交集呢？

当然有的。二人虽然从未会面，但是斗过嘴。威尔斯也写过一部关于月球旅行的书——《月球上最早的人类》。在这本书里，主人公之一贝德福特与一同登月的小伙伴卡沃尔谈起凡尔纳的《从地球到月球》，卡沃尔却说自己从来没听说过这本书。哈哈，这显而易见是在逗凡尔纳呀。

于是凡尔纳笑呵呵地撰文回答："我是用大炮把人们送上月亮的，好歹是个实际存在的物体。你呢，威尔斯先生？你能给我看看'卡沃物质'到底什么样吗？"（卡沃物质是卡沃尔发明的、可以切断地球引力的神秘玩意儿。引力一切断，主人公自然可以往月球飞了。）

哈哈，两位"父亲"的斗嘴真是有趣！

结果还是电影大师梅里爱最机智。凡尔纳的《从地球到月球》，主人公并没有在月球着陆；而威尔斯的《月球上最早的人类》，顾名思义，主人公到达了月球，看到了月球上的昆虫，发现了黄金等，整个故事犹如凡尔纳小说的续篇。于是，梅里爱很愉快地把威尔斯书里的一部分内容也加到自己的电影《月球旅行记》中去了。

说了这么多，其实凡尔纳也好，威尔斯也好，他们在写小说的时候并没有清晰认识到，自己正在创造一种特殊的文学品种——比如凡尔纳觉得他就是在写“奇妙旅行”。然而随着这一类的作者越来越多，作品越来越受欢迎，人们开始深切感受到：它来了，势不可当地来了。

虽然凡尔纳与威尔斯都是欧洲人，但等到20世纪30年代，美国书商出手了：他们看准了科幻小说这种新类别，开始人工养鱼一样推动、组织此类作品的出版。一时间，市场上挤满科幻小说，这些作品良莠不齐，尤其是一种10美分丛书，也就是1毛钱一本，这种书的内容、插画都十分粗制滥造（大多是外星人来了，地球英雄赶紧救地球美人），严重破坏了科幻小说的声誉……

幸好这时一个名叫雨果·根斯巴克的人站了出来。

Chapter 10

三巨头

根斯巴克是谁?

他来自卢森堡的一个犹太家庭，六岁跟随父母一同移民美国。长大后他成为无线电工程师，是成功的企业家，他建了无线电台，每天播放广播节目，还从欧洲进口各种无线电零件，卖给无线电爱好者，以便他们自己组装设备，慢慢地培养出一个业余无线电社区。

总之，一看就是会被科幻小说吸引的那种人。

无线电爱好者越来越多，根斯巴克成立了美国无线电协会，然后想给会员们办一份杂志，主要刊登电子产品目录，但也有与无线电相关的新闻和虚构故事。比起

目录，大家明显更喜欢看故事，根斯巴克敏锐地察觉到这种新类型的故事正在吸引越来越多的读者，于是他一拍脑门儿，又办了一本杂志——《奇异故事》，专门刊登科幻小说。请注意，科幻小说（science fiction）这个称呼就是根斯巴克在办杂志时创造出来的，他说："我理想中的科幻小说是75%的文学交织着25%的科学。"

科幻小说从此拥有了姓名，《奇异故事》便是世界上第一本科幻小说专刊。

《奇异故事》的创刊号刊登了六篇小说，都是根斯巴克选的。三篇老作品分别来自爱伦·坡、凡尔纳和威尔斯，另外三篇则是最近十年的新人作品。由此可见，根斯巴克的确眼光准、思路清晰。

番外篇·爱伦·坡

埃德加·爱伦·坡命运多舛：他三岁成为孤儿，求学和感情之路都很坎坷，创业（办刊物）不顺，大部分时间都穷困潦倒；他染过赌瘾，长期酗酒，导致精神萎靡、疾病缠身（真的是一大堆病），因此遭到周围人的鄙视和嫌弃；他被人陷害过，最后孤零零地晕倒街头，被人送入医院不久就去世了——可以说他生前完全没有得到过与他的创作成就相称的利益与荣誉。

与本系列中描述过的许多艺术家一样，无论多么困难，爱伦·坡都在呕心沥血地创作。如今，他在西方文学史上拥有很高的地位，被认为是哥特、恐怖、悬疑推理、科幻等文学门类的鼻祖或先驱。他在诗歌、小说、文艺评论方面均有建树，堪称跨界天才。英国剧作家萧伯纳曾说："美国出了两个伟大的作家——爱伦·坡和马克·吐温。"

爱伦·坡说，自己写小说的目的是"把滑稽提高到怪诞，把害怕发展成恐惧，把机智夸大成嘲弄，把奇特变成怪异和神秘"。他擅长心理描写，作品篇幅短小却非常"抓"人，属于天一黑就不敢看的那种，像猫爪直接挠在读者的心上。他的作品环绕着高智商的光环，凸显着他渊博的知识，比如他1843年出版的侦探小说《金甲虫》，其中的关键元素之一是密码。美国最重要的密码学家威廉姆·弗里德曼最初对密码学感兴趣，就是因为小时候读过《金甲虫》，后来他在第二次世界大战期间破解了日本的"紫色密码"。

文学多个分支的开拓者、有特色的文笔、高超的讲故事技巧、戏剧化的身世、作品的深刻内涵及其中蕴含的广博知识，所有这一切，造就了爱伦·坡在文学史上的地位。

他影响或启发的后辈作家可以组成一个豪华团队：象征主义诗歌奠基人波德莱尔、象征主义诗歌健将马拉美、本书主人公凡尔纳和出场人物威尔斯、大名鼎鼎的柯南·道尔、斯蒂文森、陀思妥耶夫斯基、"日本推理之父"江户川乱步（"江户川乱步"这个笔名就是"埃

德加·爱伦·坡”的日语音译），甚至还有鲁迅（他自己说的）……

世界上最著名的推理小说奖就叫“爱伦·坡奖”，它被誉为“推理界的奥斯卡”。

根斯巴克特别善于营造社区。他在杂志上腾出地方来刊登读者的反馈和讨论，同时附上读者地址，让他们之间能够直接交流。待时机成熟，他就建立了“科幻小说联盟”。科幻迷当时是小众的群体，社区让他们知道“原来有这么多志同道合的伙伴陪着我呀”“我们也可以是一股改变世界的力量哦”，这是非常重要的。

有《奇异故事》扫清道路，五花八门的科幻杂志就紧随其后，雨后春笋一般冒出来了。杂志彼此之间竞争得非常厉害，但归根结底比拼的还是内容。

编辑们使出浑身解数，其中最突出的一位是《惊奇科幻》（后更名为《模拟科幻与现实》）的主编约翰·坎贝尔。可亲可敬的坎贝尔先生本身就是位优秀的科幻作家，他的处女作就发表在根斯巴克的《奇异故事》上。自打当了主编，直到去世，三十多年间他都跟辛勤的老农一样，春耕夏耘秋收冬藏：阅读来稿，修改稿件，面谈指导，安排新作者交流聚会，甚至给作者设计写作题目……

许多日后的科幻小说大师最初都是被坎贝尔从默默无闻中发掘出来的，他们高质量的作品改变了科幻小说粗制滥造的面貌，其他杂志若想不被淘汰，就必须紧紧跟上，这样一来二去——

有了争先恐后的科幻杂志，有了迅速壮大的科幻迷社区，有了大量科幻作者带来的优秀作品，从20世纪30年代末、40年代初开始，科幻小说的“黄金时代”到来了，一直持续到20世纪60年代，正好就是坎贝尔担任主编的三十多年。有人说20世纪60年代《惊奇科幻》的更名就意味着“黄金时代”的彻底结束。

如今，根斯巴克和坎贝尔的名字都被后人用来设立了科幻奖项，其中以根斯巴克命名的奖已经成为全世界最权威的科幻小说奖，由世界科幻协会在每年的世界科幻大会开幕式上颁发——你可能有点儿迷糊：“我也是科幻迷，可我从来没听说过什么根斯巴克奖呀？”

请掉回头去再看一眼根斯巴克的名字吧！是的，雨果，就是大名鼎鼎的雨果奖！有多少人疑惑了很多年，到这一刻才恍然大悟：原来科幻界的最高奖并不是以凡尔纳的偶像维克多·雨果的名字来命名的呀！

	雨果奖	星云奖
首次颁发	1953年	1966年
标志	HUGO AWARD™ 这是个火箭，奖杯上也是这个	NEBULA AWARDS® 奖杯上也有螺旋状星云
主办单位	世界科幻协会	美国科幻及奇幻作家协会
奖项	目前是十五类常设奖项，其中分量最重的是“最佳长篇小说（四万字以上）奖”	目前是八类

（续表）

	雨果奖	星云奖
中国作家获奖情况	刘慈欣《三体1：地球往事》获2015年雨果奖“最佳长篇小说奖”（第一个获得雨果奖的亚洲人、中国人） 刘慈欣《三体3：死神永生》入围2018年雨果奖“最佳长篇小说奖” 郝景芳《北京折叠》获2016年雨果奖“最佳中短篇小说奖”	刘慈欣《三体1：地球往事》获2015年星云奖“最佳长篇小说奖”提名
同时获得雨果奖和星云奖的长篇小说（科幻爱好者必读书单）	弗兰克·赫伯特《沙丘》 厄休拉·勒古恩《黑暗的左手》《失去一切的人》 拉里·尼文《环形世界》 艾萨克·阿西莫夫《神们自己》 阿瑟·克拉克《与拉玛相会》《天堂的喷泉》	

（续表）

	雨果奖	星云奖
同时获得雨果奖和星云奖的长篇小说（科幻爱好者必读书单）	乔·霍尔德曼《千年战争》《永远的和平》 弗雷德里克·波尔《通往宇宙之门》 冯达·麦金泰尔《梦蛇》 大卫·布林《星潮汹涌》 威廉·吉布森《神经漫游者》 奥森·斯科特·卡德《安德的游戏》《死者代言人》 康妮·威利斯《末日之书》《灯火管制》 尼尔·盖曼《美国众神》 路易丝·麦克马斯特·比约德《灵魂骑士》 迈克尔·夏邦《犹太警察工会》 保罗·巴奇加卢皮《发条女孩》 舟·沃顿《我不属于他们》 安·莱基《雷切帝国》	

到1965年为止，坎贝尔率领《惊奇科幻》八次获得雨果奖的“最佳专业杂志奖”。2019年，他还被追授了雨果奖的“最佳短篇编辑奖”，由他的孙子和曾孙女上台代领奖杯。此外与威尔斯一样，“坎贝尔”也成了火星上一个撞击坑的名字。

在我们这个系列中，出场的作家很多，对编辑的介绍却很少。直到你手中的这一本，才一股脑儿地向大家介绍了好几位编辑与出版商。他们的经历充分说明，只要足够热爱，足够勤奋，无论身处何种行业，都能有所成就。伟大文学作品的诞生，新的文学种类的形成，编辑与出版商同样功不可没。“写给孩子的名人传”也不例外，这一段也是在向隐藏在这套书背后的编辑致敬。

科幻的“黄金时代”就这样到来了。被以坎贝尔为代表的编辑们发掘、培养的“黄金时代”的科幻作家数量众多，不可能逐一介绍，到底该把哪几位拎出来详细谈一谈呢？

没什么好犹豫的！因为存在这么一个响当当的说法——“黄金时代三巨头”，指的就是这一辉煌时期中影响最大、作品最具代表性的三位作家（三位都是如假包换的硬科幻作家）：海因莱茵、阿西莫夫、克拉克。

海因莱茵　　阿西莫夫　　克拉克

罗伯特·海因莱茵是土生土长的美国人，出生于密苏里，成长于堪萨斯城，二十二岁时以优异的成绩毕业于美国海军学院，是位很帅的海军哦！他在航空母舰和驱逐舰上都服过役，退役后又去加州大学洛杉矶分校旁听了一段时间的数学和物理。后来因为要还房贷，海因莱茵开始写作，他忐忑地投稿，投的就是《惊奇科幻》杂志，结果作品被主编坎贝尔慧眼识珠地刊登了出来，随后就一直写下去啦！

海因莱茵的代表作有《异乡异客》《双星》《月亮是个严厉的妇人》《星船伞兵》等。他是个讲故事的高手，有非常扎实的工程学知识（海军学院的优异成绩可不是靠吹的），真的做到了把科幻作品以引人入胜的方式呈现出来，让大家读得欲罢不能。他笔下的主人公也很有特色，无论男女都意志坚定、独立勇敢、经历丰富，给他/她一把螺丝刀，他/她就能整出个飞船，深深影响了几代读者。

男女主人公都如此厉害，或许不仅与海因莱茵本人是工程师有关，可能还因为与他白头偕老的第三任夫人维吉尼亚是航空工程师兼化学家。夫妻俩一同环球旅行，一同计算“地球一火星”的火箭轨道数学方程，家里有两人共同设计、制造的各种有趣的机械装置……真可谓神仙眷侣。

海因莱茵一生获得了四次雨果奖，外加七次追授奖。一颗小行星和一个火星坑以他的名字命名。

“二战”期间，海因莱茵作为航天工程师，在海军的费城造船厂工作。他与同在造船厂的另一位工程师伙伴一起，想出许多很有创意的新点子去对付日军的“神风敢死队”，比如利用声音来探测正在逼近的敌机。这位伙伴，碰巧也喜欢写科幻小说，他的名字叫艾萨克·阿西莫夫！

阿西莫夫绝对是个奇人。

他也是美国人，可是出生在俄国，三岁移民到纽约。十六岁不到完成高中学业，十九岁不到就从哥伦比亚大学毕业。“二战”期间，他加入陆军当工程师去了，这我们已经知道了。战争结束后，他回到哥大，拿下了生物化学博士学位，毕业后在波士顿大学医学院教书，直到后来辞职专心写作。

阿西莫夫是十八岁上大学时开始投稿的，第一篇作品也是投给了《惊奇科幻》的主编坎贝尔本人。坎贝尔收到稿件后与阿西莫夫见了面，对他再三鼓励，并承诺一定会亲自看稿！坎贝尔的确这么做了——两天后阿西莫夫收到退稿信，里面详细说明了退稿原因。此后，阿西莫夫几乎每周与坎贝尔见一次面。他把坎贝尔当老师（后来当然还成了朋友），就是从和坎贝尔的会面与一封封退稿信中，阿西莫夫学到了许多写作的要领。

创作力惊人的阿西莫夫一辈子写了大约五百本书，类别几乎涵盖了整个“杜威十进制图书分类法”，除了哲学类别外什么都有，且每个类别都有重量级的优秀作品哦！

小知识
杜威十进制图书分类法

图书馆里的书籍汗牛充栋，想要在相应类别的书架上找到一本书可真不容易（尤其在没有电脑的年代），那么就很有必要把书籍也像动植物一样分个类。

1876年，美国的图书馆专家杜威就设计了一套图书分类法。他的分类法比较简单，后来经过了多人多次扩充和修订（最后一次修订是在2011年），但它一直是用“杜威”来命名的。

这个十进制图书分类法，顾名思义，就是把书籍分为十个主分类，十个主题分别是：

0 计算机科学、资讯与总类

1 哲学与心理学

2 宗教

3 社会科学

4 语言

5 自然科学与数学

6 应用科学

7 艺术与休闲

8 文学

9 历史与地理

每个主分类下面再分成次分类，次分类都用三位数的阿拉伯数字表示。以第五个主题“自然科学与数学”为例，往下细分有：510 数学、520 天文学及其相关学科、530物理学、540化学及关连科学……

次分类下面还可以继续分，再往后的细项用小数点隔开。比如516几何那项，还可以继续细分出516.3 分析几何，进一步细分出516.37 度量微分几何，再细分出516.375 芬斯勒几何。

现在，你看明白了吗？

阿西莫夫爱好广泛，喜爱轻歌剧，曾担任门萨协会的副会长，也是福尔摩斯爱好者组织“贝克街游击队”的著名会员。这些爱好大多是坐着不动就能完成的，因为阿西莫夫本人很缺乏运动细胞，游泳、骑自行车都没学会，好不容易才挣扎着学会了开车。他还害怕坐飞机，所以很少长途旅行，一生中只坐过两次飞机！

小知识
门萨协会

门萨协会是全世界最古老也是最大的高智商组织，面向在智商测试中取得前2%成绩的人类（如果以标准智商测试的话，这个成绩应当至少是131），而且智商是唯一标准，其他（如年龄、种族、职业等）都不考虑。

门萨协会是1946年由两位英国律师在牛津大学建立的。门萨（mensa）在拉丁语里的意思是桌子，意味着一群聪明人围桌讨论，因此协会标志上就是一张桌子（也是个M）。

门萨协会的总部在英国，在超过一百个国家有分支，目前全球门萨成员超过十三万。分支机构中，人数最多的前三位是美国门萨、英国门萨、德国门萨。

协会成员定期聚会，门萨协会还发行内部刊物，组织一些类似“最强大脑”的比赛，自娱自乐。

门萨协会年龄最大的成员103岁，最小的入会时才两岁（有好几个）。

这个智商最高的协会，2021年网站被黑客攻击，大量成员信息泄露——或许协会应该考虑吸收这个黑客为成员！

这里，我们只谈阿西莫夫的科幻作品。很难想象一个飞行恐惧症患者会写出如此庞大、壮丽的太空胜景（当然他笔下的确有些人物显示出了对于飞行的惧怕）。他的主要作品有“基地系列”“银河帝国三部曲”“机器人系列”——三大系列最后在“基地系列”的架空宇宙中合归一统，被读者们尊称为“科幻圣经”。

正是在“机器人系列”的《我，机器人》这本书里，阿西莫夫提出了著名的“机器人三定律”：

第一定律：机器人不得伤害人，也不得见人受到伤害而袖手旁观。

第二定律：机器人应服从人的一切命令，但不得违反第一定律。

第三定律：机器人应保护自身的安全，但不得违反前两条定律。

在推理小说般精彩的故事里，阿西莫夫总是用这三条定律给机器人下套，比如让它们遵守了第三条就违背第二条，遵守了第二条就违背第一条等。人类读者看得乐开了花，机器人心中估计充满怨念。

折腾完基地和机器人，20世纪60年代往后，阿西莫夫就把重心挪到写科普书和历史书上去了。

除了一大堆雨果奖和星云奖，阿西莫夫还获得了十四所大学的荣誉博士学位，并且——丝毫不令人惊讶地变成了火星上的一个坑。

看到这儿，你是不是想说：“天呐，科幻大师们都是这样高智商的物种吗？他们的生活都是这样精彩得无边无际吗？”

要回答你的问题，再看看最后一位巨头克拉克不就得了。

阿瑟·克拉克（或者说克拉克爵士）是英国人，他小时候的爱好是观星、收集化石、看一毛钱一本的廉价美国科幻小说。少年时代，他便加入了英国星际协会，后来更是成了这个协会的会长，他一生都是星际旅行的倡导者。

刚才说海因莱茵是海军，阿西莫夫是陆军，克拉克则是不折不扣的英国皇家空军，专攻空军雷达，还参与了预警防御雷达系统的研制。

“二战”后，他进入伦敦国王学院，以一级荣誉的成绩取得了数学和物理的学士学位。

一开始，克拉克算是半个物理学家，写的都是学术论文，提出过利用地球同步卫星完成远程通信的构想——如今距离地球4.2万千米处的同步卫星轨道就被命名为“克拉克轨道”。再这样坚持下去，过两年拿个诺贝尔奖也未可知，结果人家一个急转弯，写科幻小说去了，第一个短篇当然是发表在坎贝尔的《惊奇科幻》上！

说到诺贝尔奖，1994年克拉克被提名诺贝尔和平奖，作者我没有特别明白其中的逻辑。

就这样，克拉克写出了《童年末日》《与拉玛相会》《天堂的喷泉》等杰出作品，以及——啊，难以逾越的科幻史诗《2001太空漫游》，他写出小说，并与导演库布里克合作了电影剧本。

作为“穿越型”的未来学家，克拉克在系列散文和采访中精确预言了“大约诞生于20世纪80年代中期的个人通信设备，人手一个，只要拨号就可以联系到地球上的任何一个人，并且对他进行定位”（1959年）；预言了2001年的生活，那时“他在自己房间有一台不大的电脑，他可以通过这台电脑与朋友通话，并且获得日常生活的各种信息，比如银行账单、剧院订票，获得现代社会所需的一切信息”（1974年）。

三十九岁那年，克拉克从英国移民到斯里兰卡去了，主要原因是他太爱潜水了。在斯里兰卡潜水时，他还发现了水下一所古庙的遗迹。他客串了许多电视节目，并担任了哥伦比亚广播公司阿波罗11号登月直播的解说。

他是三巨头中唯一活到21世纪的。2008年，多次获得雨果奖、星云奖，有一颗小行星以他的名字命名的九十一岁的克拉克爵士在斯里兰卡去世。

所以，回答你的问题：是的，科幻大师都是这样高智商的物种，他们的生活都是这样精彩得无边无际。

Chapter 11

永远的未来时

上一章分别介绍了三巨头，说起这三位大师之间的关系，几乎可以用温馨来形容。

海因莱茵和阿西莫夫曾是好战友、好同事，这我们已经知道了。

海因莱茵与克拉克呢？1951年，克拉克的《太空序曲》出版之后，两位年轻的大师开始通信，第二年亲切会面。此后许多年间，他们经常去对方的国家（也就是美国和斯里兰卡）相互拜访。

直到三十多年后，两人才因为美国的“星球大战计划”而闹翻，因为海因莱茵支持“星球大战计划”而克拉克反对。后来两人虽然和好，但再也不可能像之前那样一同愉快玩耍了。没过多久，海因莱茵就去世了。

番外篇·“星球大战计划”

“星球大战计划”听起来高端，事实上却和外星生物没半点关系，而是冷战期间美国、苏联军事竞赛的一部分：20世纪80年代，美国宣布，计划在外太空和地面部署高能定向武器（微波、激光、高能粒子束、电磁动能武器等）。这样一来，万一苏联向美国及其盟国（比如西欧）发射大量核弹，就可以在各个阶段进行多层次的拦截，跟打电子游戏似的。那些害怕核弹、想要安全保障、想要战胜苏联的人倾向于支持这个计划。反对的理由同样很多，比如：会进一步加剧冷战，恶化世界政治、军事局势；特别劳民伤财，很有可能拖垮经济（尤其考虑到对方会大量发射核弹这事本身就是“莫须有”）；美国地方大也就算了，西欧却人多地狭、工业集中，这么大规模的计划，一个小小的失误就可能带来极大的灾难……总之“星球大战计划”最终不了了之，因为经济和技术都完全跟不上，没有实现的可能性，有些解密档案甚至显示它几乎是一个用来吓唬、拖垮苏联的骗局。

三巨头中的克拉克和阿西莫夫，自从1953年在纽约认识之后，他俩就以互相挖苦为乐。比如克拉克特别喜欢计算阿西莫夫那无穷无尽的作品到底毁掉了多大面积的森林。

有一次，克拉克得知在一场飞机坠毁事故中，一位乘客正在读自己的小说。他立刻把这件事告诉阿西莫夫，还加了一句："可怜人儿！如果他读的是你的小说就好了，他就可以在睡眠中平静地去世。"

阿西莫夫立刻回答："的确是可怜人儿！不过他这一走，至少可以免于继续受你的小说荼毒了。"

成名后，因为经常被拿来相互比较，两人不堪其扰，于是有一次在纽约共同参加活动时，两人同打一辆出租车，经过公园大道时，他俩口头签订了“克拉克—阿西莫夫条约”：以后但凡有人问起谁更厉害，他俩就得回答“克拉克是最好的科幻作家，阿西莫夫是最好的科普作家”。

1972年，克拉克把这个条约写进了《第三行星报告及思考》的献词：“依据克拉克—阿西莫夫协议，第二好的科普作家将此书献给第二好的科幻作家。”这样明目张胆的调侃，不知道海因莱茵怎么想。

“黄金时代”落幕之后，整个世界仍然在不断发生变化，科幻作品也不例外。“黄金时代”之后虽然还有所谓的“新浪潮时代”“赛博朋克时代”，但渐渐地，大家都不愿再多贴标签了——无论作者还是读者，都呈数量级增长，虽然每位作者可能没有机会像“三巨头”

那样获得那么多的关注，但这样一来，读者所能看到的作品无疑是更丰富、更多元了。或许，当我们不再强调“黄金时代”时，科幻小说才进入了最好、最丰富、拥有最多爱好者的时代。

番外篇·“黄金时代”之后

新浪潮时期（20世纪60年代至20世纪70年代中期）：

科幻小说进入“黄金时代”之后，免不了形成一些套路和桎梏，但是到了20世纪60年代，政治、军事、科技环境都发生了很大变化，有些读者发现：什么科幻小说啊，还没现实生活神奇呢！

于是，以英国的科幻杂志《新世界》为起点，编辑与作者开始了科幻小说的变革，这些有创新精神的作品后来被编成集子，被称为“新浪潮作品”。

新浪潮作品的特点主要有：

＊抛弃套路，在写作方法和题材上都努力开拓、刻意求新。

＊科幻小说一直有点受鄙视，被认为不是严肃文学，那么新浪潮科幻作家就从模仿开始，向主流靠拢，用严肃文学的“旧瓶子”装科幻的“新酒”，渐渐获得了越来越多的承认。

＊不像“黄金时代”的作品那样关注科技成就，内容上不是很“硬核”，语气比较悲观或者嘲弄，会更多地

使用隐喻、象征、心理描写的手法，显得比较深刻，读者可能会感觉看不懂。

代表作家和作品举例：

巴拉德（英国）：《沉默的世界》《燃烧的世界》《结晶的世界》

奥尔迪斯（英国）：《温室》《户外》《月光掠影》

法马尔（美国）：《绿色漫游》《时间漫游》《石头上帝的苏醒》

莫考克（英国）：《空中军阀》《瞧这个人》

赛博朋克时期（20世纪70年代往后）：

大家可能经常听到“赛博朋克”这个词，它究竟是什么意思呢？

赛博朋克（Cyberpunk）是由“控制论”的前缀（cyber）和充满反叛意味的“朋克”（punk）组成的，也就是是“高端科技+低端生活”的意思，给人一种很酷的感觉。与之类似，也存在以蒸汽技术为主体的“蒸汽朋克”，以生化技术为主的“生化朋克”等。

科幻“新浪潮”运动搞了十来年，有人质疑“新浪潮”是让科幻小说放弃自己的价值和传统，是让科幻被主流文学所取代。于是，又有一帮年轻作者站出来，开始搞“赛博朋克”。

那么赛博朋克的科幻作品，主要特点是：

* 从“新浪潮”回归，又开始重视科学技术了，并且

引入现代的高科技——不是一而再，再而三地超光速飞行、改造银河帝国之类，而是真正去理解科技。因此，赛博朋克的作品大多取材于电子计算机、生物工程等新科技。

* 在价值观上比较反传统（朋克嘛），赛博朋克不喜欢“星球大战”之类的主题，他们更愿意去写不那么高大上的、灰色的主题，他们设计的未来场景往往也比较冷酷吓人。

* 反对贴标签，因此许多赛博朋克的作者并不愿意被归入赛博朋克这一类别，也不愿意人们说自己的作品和赛博朋克有什么共同的特点……

代表作家和作品举例：

吉布森（美国）：《神经漫游者》

斯特灵（美国）：《人造孩子》《精神分裂》

此外，《银翼杀手》《黑客帝国》等都是非常著名的赛博朋克电影。

当然啦，传统科幻、新浪潮和赛博朋克，在时间和内容上没法儿分割得泾渭分明，只是给大家一点参考而已。

本书的最后，让我们来看看科幻小说在中国的发展吧。

科幻小说真正意义上进入中国，是从什么时候开始的呢？

那得是晚清了。

在中国最先大力倡导科幻小说的是两位大名鼎鼎的作家，猜猜看他们是谁?

一位是梁启超，另一位是鲁迅。

千真万确，就是这么厉害！1902年，梁启超创办了一本杂志《新小说》，里面开设了一个专栏叫“哲理科学小说”。第二年（也就是1903年）刊登了凡尔纳的《从地球到月球》。这部作品被译成了中文，名叫“月界旅行”。翻译的人呢？就是鲁迅！鲁迅还写了篇《月界旅行辨言》的小评论同时发表呢。

稍后，鲁迅又翻译了凡尔纳的《地底旅行》，大家一看就知道是哪部作品了吧。

番外篇·翻译热

从清末到民国，部分中国学者开始接触外国的政治、文化、艺术、科学类作品，他们不仅自己接触，还把这些作品翻译成中文，介绍给更广泛的中国读者。这股“翻译热”是新文化运动的重要组成部分，也是打开中国民众视野的重要一步。

那时的翻译很有时代特色和个人风格，比如“民主”（Democracy）和“科学”（Science），被李大钊、陈独秀等新文化运动的先驱们介绍为“德先生”和

“赛先生”。这样的翻译取了英文单词读音的一部分，用中文的谐音字表示，加上“先生”二字，就像远道而来的客人，活泼亲切，同时“先生”又是老师的尊称，含有向西方学习的意味。这两个称呼很快就被大家记住并且传播开来。当时许多外来词汇都是以这种音译+意译的方式进行翻译的，比如啤酒（beer）、卡片（card）、芭蕾舞（ballet）、吉普车（jeep）等等。

提到近代的“翻译热”，不能不提两位代表人物——严复和林纾，前者主要翻译西方科学著作，后者则主要是文学著作。

先说清末启蒙思想家严复，就是他提出了“信、达、雅”的翻译标准。这三个字是在他翻译的《天演论》的序言里出现的！而《天演论》的作者是前文介绍过的英国博物学家赫胥黎！说起来，严复把evolution翻译成“演化”是非常精准的，远超后世的通用翻译“进化”。为什么作者这样说呢？你可以翻阅本系列《达尔文与生命密码》一书寻找答案。

至于林纾，更是在中国翻译史上写下了浓墨重彩的一笔！他从光绪二十三年（1897年）开始搞翻译，第一部作品就是与精通法语的王寿昌合译的《巴黎茶花女遗事》——大家都知道是哪本小说吧？这也就意味着，小仲马之所以叫小仲马，也是林纾给定的——Dumas在法语中的读音明明更贴近“杜马”，但因为林纾是福建人，说福建话，他根据福建音给翻成了“仲马”。更有人说福尔摩斯（Holmes）之所以叫“福”尔摩斯，也是林纾作为福建人“胡”“福”不分的缘故。

由此可见，大小仲马也好，福尔摩斯也罢，都是林纾最早介绍给国人的。事实上，《巴黎茶花女遗事》是第一部被引进中国的西方小说。后来林纾更是笔耕不辍，专译欧美小说，译作数量超过一百八十种，美国、英国、法国、德国、俄国、希腊、比利时、日本、挪威、瑞士、西班牙的都有，莎士比亚、笛福、哈葛德、狄更斯、司各特、柯南·道尔、斯威夫特、史蒂文森、兰姆、雨果、大小仲马、巴尔扎克、伊索、易卜生、托尔斯泰统统没有放过！

大家可能有点惊诧：林纾竟然掌握了这么多种语言啊！

那么以下这个消息一定会让你更惊诧：林纾他，其实不懂外文，一种外文都不懂！

因此，这一百八十多种作品，林纾全部是和真正懂得外文的人合作的。合作伙伴口头翻译，林纾就在旁边飞快地整理成顺畅优美的文言文，用“飞快”形容丝毫不夸张，通常是对方话音刚落，林纾的笔就停下——全部文字已经成形了。

这样的翻译法，自然免不了会有不准确甚至错误的地方，但无论如何，作为中国近代“译界之王”，林纾的作品对后世不少文学家都有影响。一位不懂外文的翻译家，用文言文翻译西方小说，怎么说都是一个奇迹！

再来简单说说鲁迅。鲁迅除了是大作家，也是翻译家。鲁迅的所有作品有五百多万字，其中翻译达到了约二百九十万字，占一半还不止。可以说，鲁迅将生命中很大一部分精力都奉献给了翻译事业。他的译作中小说、童话都有，尤其初期，与“实业救国”“富国强兵”的想法相呼应，他翻译过不少英法科幻小说。

这一时期的优秀翻译家还有：朱生豪、周作人、梁实秋、郑振铎、罗念生、郭沫若、茅盾、傅雷、钱钟书、季羡林、杨宪益、丰子恺、杨绛、王佐良等。从那时到现在，翻译习惯经历了许多改变（一个很典型的例子是《飘》里的人名，曾经被翻译成郝思嘉、白瑞德之类的，搞得跟中国名字似的），但经典依然受到许多人的怀念，比如朱生豪的《莎士比亚戏剧全集》，仍然是读者们最喜爱的版本之一，“生存还是毁灭，这是一个值得考虑的问题”就是他翻的。有人说早期翻译家们“为中国翻译了整个世界”。

★ 最后出一道小题目，以下都是林纾翻译的作品，分别对应现在大家熟悉的哪些作品呢？

《黑奴吁天录》

《撒克逊劫后英雄略》

《海外轩渠录》

《块肉余生录》

《歇洛克奇案开场》

《冰雪姻缘》

《亨利第四纪》

《鱼雁抉微》

答案：

《黑奴吁天录》（斯托夫人《汤姆叔叔的小屋》）
《撒克逊劫后英雄略》（司各特《艾凡赫》）
《海外轩渠录》（斯威夫特《格列佛游记》）
《块肉余生录》（狄更斯《大卫·科波菲尔》）
《歇洛克奇案开场》（柯南·道尔《血字的研究》）
《冰雪姻缘》（狄更斯《董贝父子》）
《亨利第四纪》（莎士比亚《亨利四世》）
《鱼雁抉微》（孟德斯鸠《波斯人信札》）

在梁启超和鲁迅两位大师的大力倡导下，科幻小说在清末民初蓬勃发展，本土作家也跃跃欲试。比如目前发现最早的中国原创科幻小说是1904年一个名叫荒江钓叟（显然是笔名啦）的作者写的《月球殖民地小说》，作品讲述了一个被贪官陷害流亡国外的可怜人龙孟华的故事。龙孟华在飘泊海外的途中与家人失散了，幸好遇到日本设计师玉太郎，坐上了最先进的热气球，跨越各大洲寻找妻儿，一路经历诸多劫难，终于全家得以重聚。

这部小说原本是在商务印书馆的杂志上连载的，可不知什么原因烂尾了，标题虽然叫《月球殖民地小说》，却在玉太郎准备继续乘坐热气球探索月球上“更高”的文明时戛然而止，实在可惜。

大家一定在想：这模仿痕迹有点重啊，还是把好几本小说掺和一块儿模仿……

哈哈，毕竟当时科幻小说在中国刚刚起步嘛！《月球殖民地小说》虽有模仿，但它的中国味儿十分浓郁，可以说是一份晚清视角的“世界诸国印象记”。荒江钓叟是用传统章回体来写科幻小说的，每章开头“上回说到……”，结尾“欲知后事如何，请听下回分解”，真是趣味盎然。

从那以后直到新中国，科幻小说基本上都是短篇，有时会与科普文章、儿童小说混杂不清。再往后，中国香港的高产作家倪匡从20世纪60年代开始一直创作“卫斯理”系列和“原振侠”系列，直到21世纪才封笔。中国内地的科幻作品数量就更是可观了，从20世纪70年代末到整个20世纪80年代，出现了科幻小说的一波大爆发。这段时期的作品，比如叶永烈的《小灵通漫游未来》、童恩正的《珊瑚岛上的死光》、郑文光的《飞向人马座》，还有郑渊洁大量含有科幻元素的儿童小说，都给读者们留下了深刻的印象。

与外国同行们一样，许多中国作者也是先从中短篇开始创作，在杂志上发表科幻小说的。《科幻世界》这样的专刊就像一个培养皿，从20世纪90年代到21世纪，新一代的科幻作者像细胞分裂一般源源不断地涌现，作品主题从纳米世界到量子世界，从宇宙探索到生物科技，你能想到的都有。其中就包括《超新星纪元》《球状闪电》《流浪地球》和“三体”三部曲的作者刘慈欣。2015年，“三体”第一部获得了雨果奖，这是第一部获得世界大奖的中国科幻小说。这让我们充满希望：未来中国一定会诞生更多世界级的科幻大师！

好啦，这就是人类的世界里，科幻小说与科幻作家们的故事。

我们虽然在这本书里回顾了科幻小说的历史，但科幻小说的本质就决定了它永远是在展望未来——它与科技一样无可限量，甚至比科技更宽广，因为它永远高于现实。科幻创作已远远不止于文字，它还以漫画、动画、电影、游戏、虚拟现实等形式包围着我们，呼唤着我们——

只要这世界上还有一个爱看星星的孩子，还有一颗期待远行的心，还有一个未解之谜；只要人类还有忧愁与烦恼，还有痛苦与纷争，还在期待着浩瀚宇宙中另一个文明向我们伸出的双手……科幻创作就不会消亡。

或许你就是下一位科幻大师，用你的想象力、文笔与知识去勾勒人类乃至整个宇宙的未来吧！